図解で身につく！　MBAの思考法

池上 重輔

中経の文庫

はじめに

ＭＢＡ（マスター・オブ・ビジネス・アドミニストレーション…経営学修士号）は、経営トップとしての知識・考え方・ふるまい方などを身につける場としてビジネスでの成功を願う人々が一度は取得を狙うもので、「ビジネス界の成功のパスポート」と呼ばれています。ＭＢＡさえあれば良いという訳ではありませんが、実際に多くのＭＢＡ取得者が大企業の要職についたり、すばらしいベンチャーを起業してきました。

とはいえ1～2年間も仕事を中断して、場合によっては海外に行ってＭＢＡを取得することはそう簡単ではありません。

本書では、ＭＢＡのコアコースで学ぶ基礎知識・考え方・ノウハウの中でも特に実践的なものを厳選し、かつ経営の知識のない初心者でもわかるように書かれています。

まず、第1章は結果を出せる思考法から始まります。MBAのさまざまなツールを使いこなすには、第一に基本となる「考え方」を知る必要があるからです。今流行のロジカル思考のみでなく、創造的に最適解を導くスパイラル思考も載せてあります。一見とっつきにくいかもしれませんが、一度マスターすればどんな状況にも対応できる強力な武器となる考え方です。

経営戦略、マーケティングを学ぶ第2章では、学術的な説明ではなく、いかにビジネスで使いこなすかを中心に「勝てる経営戦略」と「売れ続ける仕組みとしてのマーケティング」を書いてあります。

第3章の「強い組織はどうつくるのか」では、経営トップに必要な組織論のみでなく、みなさんが組織面で日々ぶつかるリーダーシップの問題なども解説してあります。

そして第4章の「儲かる会社にする「財務」と「会計」」では、専門外の人には一見なじみにくい財務と会計の中でも、本当に実践的に必要なポイントを厳選してお伝えしてあります。

これを片手に財務諸表を見れば、初めての方でもある程度の見方、評価の仕方はわかるはずです。

ただし会計・財務には本書で説明している以外にさまざまなルールがありますので、ぜひ本書を入り口にもうすこし専門的な勉強をしてください。

最後の第5章では「ここで差がつくMBAトピックス」として、今後のみなさんのビジネスマンとしてのキャリア形成や、資産形成などにも役立つトピックスを入れてあります。

本来MBAのコアコースには、本書では紙幅の関係でカバーしきれなかった経済学や統計学などの項目も入っていることが多いです。

本書は使いやすさと実践主体で項目を選択していますが、みなさんが本書から更にステージアップしようとする際には経済学・統計学さらには、選択科目で学ぶ技術戦略や、オペレーション戦略などにも目を向けていただきたいと思います。

ＭＢＡの基礎知識がない方の入門書としてのわかりやすさと同時に、最新の知識・ノウハウも随所にちりばめられた本書で、みなさんの成功の扉を開けていただければ幸いです。

池上　重輔

CONTENTS

第2章 勝てる戦略と売れ続ける仕組みをつくる

第3章 強い組織はどうつくるのか

第5章 ここで差がつくMBAトピックス

本書は二〇〇五年一〇月に中経出版から刊行された『MBAの基本が面白いほどわかる本』を文庫収録にあたり改題し、新編集したものです。

第 1 章

MBAの思考法で結果を出す

【MBA の思考法】

01 MBAの本質をつかんで成功の扉を開けよう！

MBAを学ぶ最大の価値は、不確定な情報の中で意思決定をする考え方を身につけること

❖自分で道を切り開いていくための知識・人脈・考え方が手に入る

「MBAはビジネス界で成功へのパスポート」というコメントをよく耳にします。海外MBAを取得して、若くして上場企業の社長に抜擢された人、MBA取得後に起業し拡張させた人が、日本でも13ページの図のように続々と出てきました。

そもそもMBA（Master of Business Administration「経営学修士号」）は、大学院が与える学位で、弁護士や会計士などの資格とはやや意味合いが違い、MBAを取得しないとできない仕事があるわけではありません。それ

MBA取得の主な日本人経営者

大企業

（五十音順）

氏名	会社	MBA取得校
岡田元也	イオン社長	バブソンカレッジ
三枝　匡	ミスミ会長	スタンフォード大学
樋口泰行	マイクロソフト社長	ハーバード大学ビジネススクール
程　近智	アクセンチュア社長	コロンビア大学ビジネススクール
内藤晴夫	エーザイ社長	ノースウエスタン大学ケロッグスクール
新浪剛史	ローソン社長	ハーバード大学ビジネススクール
中山恒博	メリルリンチ日本証券会長	INSEAD
藤森義明	日本GE会長兼社長	カーネギーメロン大学ビジネススクール
茂木友三郎	キッコーマン会長	コロンビア大学ビジネススクール
吉田忠裕	YKK社長	ノースウエスタン大学ケロッグスクール

●ハーバード大学でMBAを取った新浪社長、樋口社長ともに40代で日本有数の企業の社長に抜擢されました。

ベンチャー

（五十音順）

氏名	会社	MBA取得校
堀　義人	グロービス社長	ハーバード大学ビジネススクール
西田忠康	サイコム・ブレインズCEO	MIT（マサチューセッツ工科大学）スローン
三木谷浩史	楽天社長	ハーバード大学ビジネススクール
水永政志	スター・マイカ社長	UCLA
堀　紘一	ドリームインキュベータ会長	ハーバード大学ビジネススクール

●三木谷社長はMBA取得後立ち上げた会社を30代で上場企業にまで成長させ、数十億、数百億円の資産を築いています。

でもなお、世界各国のエリート達がＭＢＡを取得しようとする目的は大きく三つあります。

一つ目には、経営者・マネジャーの基本として共通に知っておく必要のある経営戦略・マーケティング・組織の動かし方・会計・財務・オペレーションなどの幅広い知識を得ること。

二つ目には幹部候補生達との良質のネットワーク（人脈）を築くこと。

三つ目として経営者としての独特の行動の仕方、意思決定の仕方・考え方を学ぶことがあげられます。

少ない情報の中で最適な意思決定をする考え方を身につける

知識、人脈、考え方の三つを総合的に身につけるということはすなわち、情報が少なかったり、不確定であったりする中で、考えうる最適な解を見出し、それを実行に移し、成果を出せるようになるということです。これがＭＢＡを学ぶ最大の価値です。

MBAで学ぶもの

❶ 経営者として必要な知識

- 戦略、マーケティング、会計、財務、組織論
- 経済学、ビジネス倫理……
- ベンチャー・マネジメント、オペレーション戦略……

❷ 良質のネットワーク（人脈）

- さまざまな業種・職種から
- 将来の幹部候補として選抜されたメンバー

❸ 経営者としての行動の仕方、考え方、意思決定の仕方

- 少ない情報、不確実度が高い状況での意思決定
- プレゼンテーションの仕方や着こなし方など

もし突然、あなたの取引先が買収されるというニュースが入ってきたとき、ビジネスを続けるべきか、打ち切るべきか……。普通は買収されてみるまで取引先がどうなるか、自分はどうしたらよいかわからず、後手、後手にまわってしまいませんか？

そんなときでもＭＢＡのノウハウ・考え方を駆使することで、買収先の意向を読み取り、取引先の将来像をある程度想定し、他社に先んじて手を打つことができるようになるのです。

本書では、明日からすぐに活用できるＭＢＡの知識のみでなく、最適な解を導き出すための考え方、キャリア形成のコツなど、ビジネスでも人生でも成功するためのノウハウ・コツを厳選して凝縮してあります。

毎日一つずつでも実践してみてください。

02 「逆算思考」で勝つための道のりを明確にする

経営はゴールから逆算で考え始めて、そこに到達する方法を考える

ユニクロの三行の経営論とは逆算思考のこと

ユニクロの柳井会長がビジネスのお手本と絶賛するハロルド・ジェニーンという米国のIT会社トップは「三行の経営論」を提案しています。

これは「本を読むときは初めから終わりへと読むが、ビジネスの経営はそれとは逆だ。終わりから始めて、そこへ到達するためにできる限りのことをするのだ」という考えです。

ビジネスのプロセス自体は確かに一歩、一歩積み上げていくものであるのは事実ですが、そのプロセスを成功に導くためには、最終的に何を求めてい

るのか、そのゴールを決め、そこから逆算して結論に至る方法を考えられる限り考えて、よいと思う順からどんどん実行していくことが重要なのです。

❖逆算思考はビジネスで成功する基本の考え方

本書に出てくるさまざまなフレームワーク（経営学の手法）は、結局はツールでしかありません。そのツールを使いこなすには基軸となる考えが必要です。その基軸となる考えが、この「目標からの逆算思考」なのです。その目標もできるだけ具体的なものがよいです。

たとえば、ただ単に営業をしているのでは日々のノルマに追われるばかりでしょうが、2年かけてこの地区でナンバー1の営業マンになろうという目標を掲げたとします。具体的には売上で月間2000万円、販売台数で10台、と具体的な目標値を決めます。

さて、逆算の始まりです。2年後に月間2000万円、10台を売ろうと思えば、その頃までにアプローチ中の見込み客を、目標の5倍の50人程度は常

三行の経営論

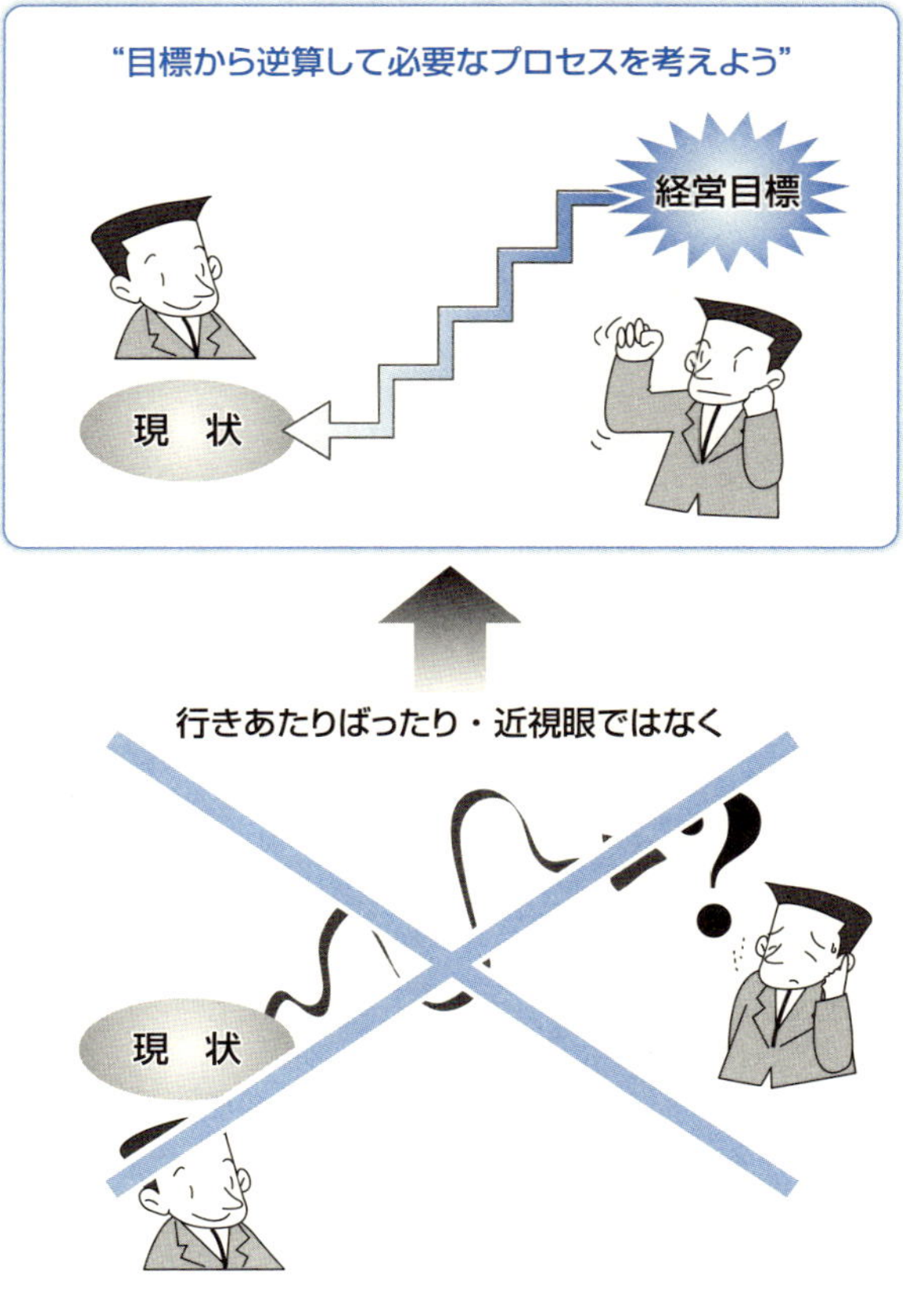

にもっていなくてはいけない。そのためには、今年1年で今後アタックする見込み客リストをその10倍の５００人分は積み上げなくては……など、具体的に何をすべきかがどんどん見えてくるはずです。

ただ日々のノルマに終われて営業をしている人と、目的から逆算して行動をしている人では、恐ろしいほどの差がついていくのです。

この逆算の道筋を考えるときに役立つのが、この次にお話する「ロジカル（論理的）思考」です。そしてその道筋の成功確度を高めるのに役立つのがその後でお話する「スパイラル思考」となります。

目標から逆算の行動とは

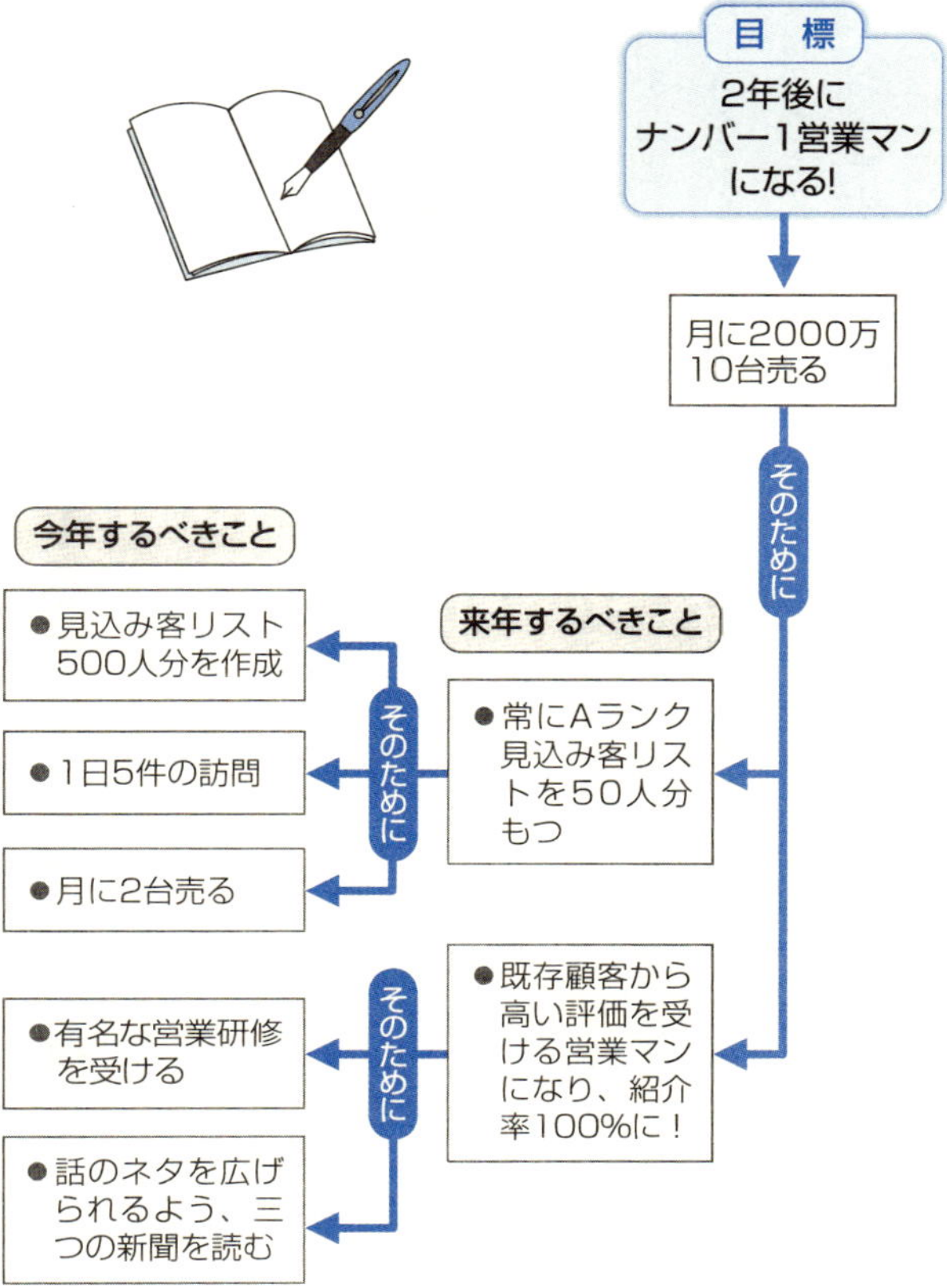

03

「ロジカル思考」でデキるビジネスマンになる

ロジカル思考で正しく問題発見、適切に問題解決しよう

❖訓練次第でロジカル思考は身につけられる

ロジカル思考とは文字通り「ロジカル（論理的）」に考えることで、この論理的な思考力なくしては、どんなにMBAの知識だけを身につけても、正しく問題を発見し、その問題への解決策を見出すことは難しいです。

また、ロジカル思考は訓練次第で誰にでもある程度、身につけられます。本項ではみなさんが今後訓練するときのために、ロジカル思考の全体像をお伝えしておきます。

因果関係のほとんどは、演繹法か帰納法の2つで説明できる

演繹《えんえき》法　一般的原理に観察事項を照らし合わせて結論を導く

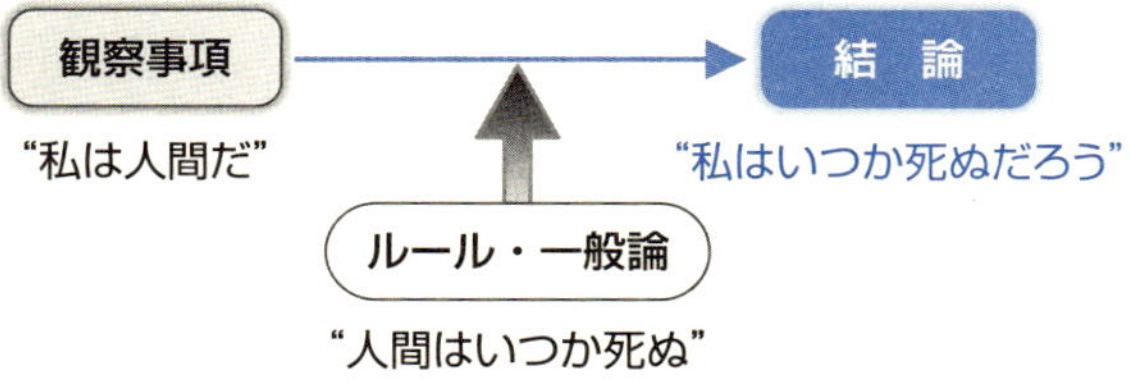

帰納《きのう》法　観察されるいくつかの事象の共通点からルールを導き出す

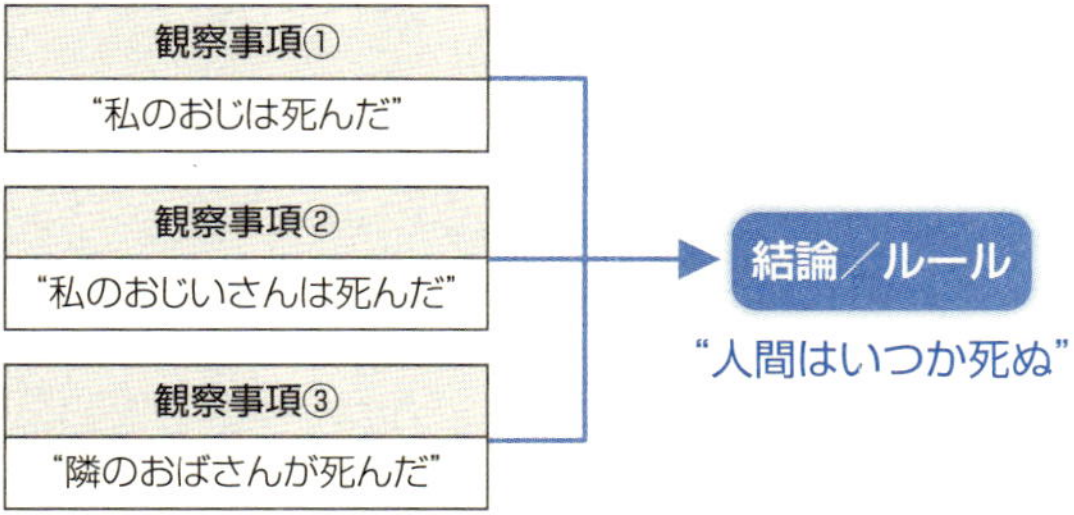

● 実際のビジネスは、この因果関係にギャップがある場合が多く、そこにビジネスチャンスがある!

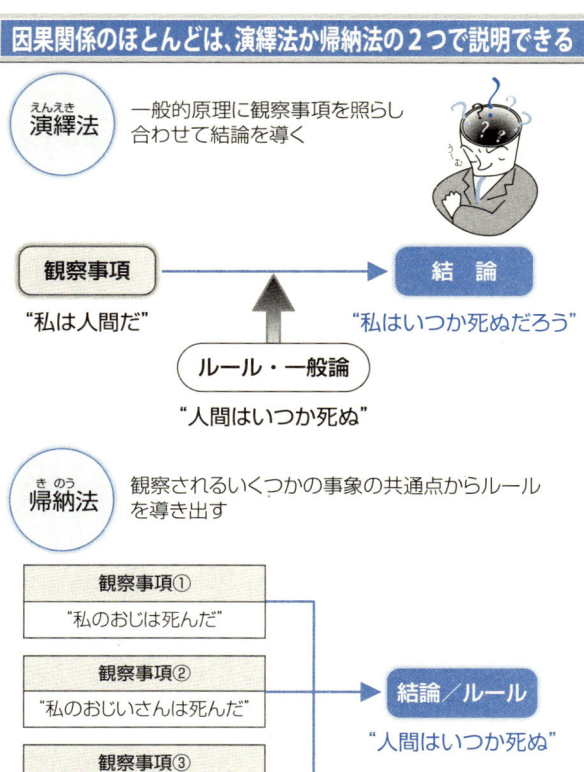

❖論理的に理解し、論理的に伝えよう

論理的に考えることとは、「論理的に理解すること」と「論理的に相手に伝えること」の二つから成り立ちます。

論理的に理解するためには、①構造関係を意識する、②因果関係を意識する、③なぜ……と何度も問いかけ続ける、ことの三つが必要です。

たとえばあなたの同僚が「競合他社がＩＴを導入しているのでうちも導入しなくては」と言ったとします。

一見正しそうに見えますが、まずはＩＴを導入して競合他社の業績は実際にどうなったのか（構造関係）を確認する必要があるでしょう。仮に業績が上向いていたとして、そのＩＴと業績上昇に「因果関係」があるのかも検証する必要があります。

次に、自社は「なぜ」そのＩＴを導入すると業績が向上するのか……を問いかけてみなくてはいけません。

論理的に伝えるためには、ピラミッド構造というものを意識すると便利で

ピラミッドストラクチャー（MECE：ミッシー）

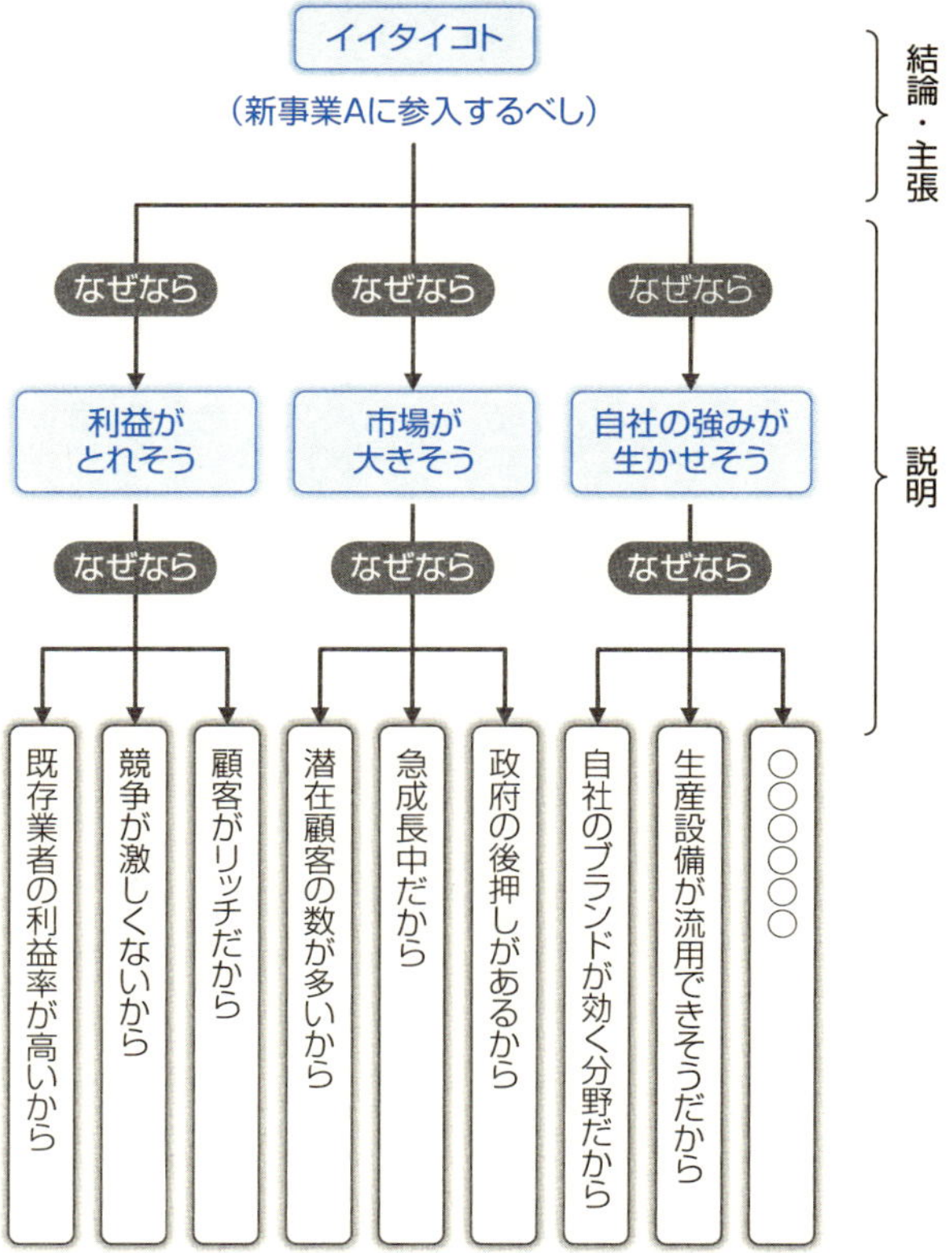
イイタイコト
（新事業Aに参入するべし）
結論・主張
なぜなら
なぜなら
なぜなら
利益がとれそう
市場が大きそう
自社の強みが生かせそう
説明
なぜなら
なぜなら
なぜなら
既存業者の利益率が高いから
競争が激しくないから
顧客がリッチだから
潜在顧客の数が多いから
急成長中だから
政府の後押しがあるから
自社のブランドが効く分野だから
生産設備が流用できそうだから
○○○○○

す。一番イイタイコトをピラミッドのてっぺんにもってきて、その下にイイタイコトを支持する理由を順番に配置する方法のことです。これにより、あなたのイイタイコトが整合性と説得力をもって伝わるのです。

論理的思考で共通のコツは「もれなく・ダブりなく（MECE…Mutually Exclusive Collectively Exhaustive［ミッシー］と呼ばれます）」すること、つまり「個々に見てダブりがなく」全体としてモレがないようにすることです。

また、日頃のビジネスで直接的に上記の手法を活用すると理屈っぽいやつ……と嫌われかねないので、嫌味のない笑顔で語ることも必要でしょう。

04 「スパイラル思考」なら最適な解答がえられる

全体感とディテール（細部）のスパイラル、仮説と検証のスパイラルで、思考を進化させる

❖循環しながら思考を進化させる

スパイラル思考とは、循環しながら（ぐるぐる回りながら）進化していく思考のことです。これにより不確定要素や制約が多い環境下でも、最適解を求めたり、更にクリエイティブなよい解を求めることができます。代表的な二つのスパイラルをご紹介しておきます。

❖全体感とディテール（細部）のスパイラルで俯瞰する

全体感とディテールのスパイラルでは、最初にビジネス対象の全体像を俯《ふ》

瞰《かん》します。その際に重要そうでかつ不確定な部分がいくつか出てきますので、その最も重要な部分を詳細に検証してみます。

その後すぐに次の部分に入らずに、その詳細に見た部分を全体像に再度当てはめて俯瞰し、次に検証すべきディテールを探します。

これを繰り返すことで、結局は早く、的確に最適解にたどり着くことができるのです。

たとえば、技術開発担当者が、売れる商品開発をしろと言われたとします。穴あきだらけでよいので商品の展開案の全体像をつくってみます。

最初の全体像では競合情報はない、お客さんのニーズも、想定価格も不明でしょう。それでも最初に全体像を俯瞰することで、ニーズと競合を調べる必要があることがわかります。

そこで、小規模の調査をするなどして、顧客と競合の情報を商品展開案に入れてみると、商品展開案の全体像がさらにはっきりして、次に詰めるべき部分がどこかが見えてくるはずです。

スパイラル思考はどうどう巡りではない

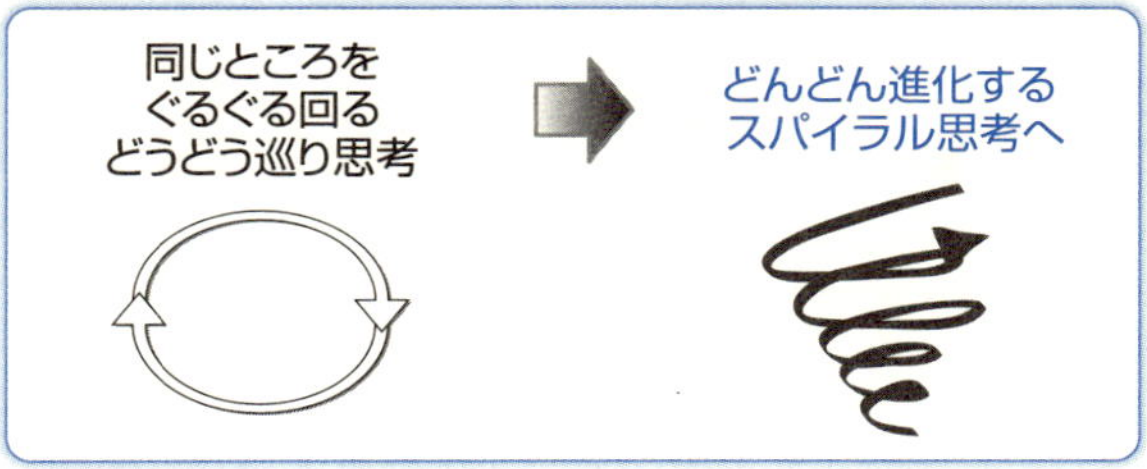

● 全体感とディテールのスパイラル

売れる商品につながる開発を要求されている技術者なら

①全体像：多少のモレや、ムシ食いでもよい

市場	競合	最終製品イメージ
●規模××億 ●成長	●誰が ●強みは?	●製品― ●価格― ●売り分…

②ディテール

●競合の顔ぶれと製品調査が必要
●具体的な顧客イメージの調査が必要

③全体像にディテールを組み込み

市場	競合	最終製品イメージ
●規模10億 ●成長5%	●A、B、C社 ●……	●このレベルの製品なら ●A～Bの価格帯 ●―

④ディテール

●このタイプの製品だと市場規模は最初の前提と変わってくる…

これを繰り返して完成度を高めるスパイラル思考は、実は戦略系コンサルティング会社のノウハウの一つなのです。

仮説と検証のスパイラルで真の原因を突きとめる

これは仮説を立て、それを検証したらそれでとまらず、もっとよくできないか、何か見落としていることはないかという疑問をもって次の仮説を立てるということです。

もしあなたがコンビニの店長だとして、近くで運動会がある日は使い捨てカメラが売れるという仮説をたてて品揃えを変えてみて、売れ行きがよければ仮説が正しい、もしそうでなければその原因を考えて次の仮説をたてる……というのも、仮説と検証のスパイラルの一例です。

仮説と検証のスパイラル

● 住宅街のコンビニの店長の例

明日は、近くの学校の運動会…

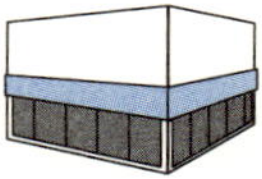

⇩

仮説	子供の様子を撮る親がいるので“使い捨てカメラ”が売れるのでは?

⇩

検証	運動会当日は、いつもより使い捨てカメラを多く置いてみる。意外と売れなかった…。

〈仮説が違っていた〉

⇩

理由の考察	最近はデジタルカメラ・ビデオをもっている親が多いので、予定がわかっている行事（運動会）では、使い捨てカメラなんて使わない。

⇩

次なる仮説	学校行事のあるときは、デジタルカメラ・ビデオの周辺グッズが売れるのでは? 電池なども必要かもしれない。

⇩

次なる検証へ

COLUMN ①

MBAの人気選択科目
ベンチャー・マネジメント　前編

海外のトップMBA校卒業生で、トップ層の生徒ほどベンチャーを立ち上げると言われますが、確かに選択科目でベンチャー・ビジネス系の講座は大人気です。

ベンチャー企業の立ち上げ方、資本政策、ベンチャー・キャピタルとの付き合い方、成長途上で起きるさまざまな問題への対処方法など実践的な内容を、場合によってはベンチャー・ビジネスの経験者がゲストスピーカーとして体験を交えながら、議論していきます。

日本でもベンチャー・ビジネスを支援するインフラ（新興株式市場、ベンチャー・キャピタル、法律など）が段々と整ってきました。そのために楽天の三木谷氏のように起業後数年でIPO（株式公開）をして、ビジネス界でのプレゼンスを高め、個人的にも数十億、数百億円の資産を構築する人も出てきました。

過去のベンチャーがそうしたインフラのない中でがんばってきたのも事実ですが、こうしたインフラが整って成長を加速できるみなさんには、是非どんどんチャレンジしていただきたいものです。

第2章

勝てる戦略と売れ続ける仕組みをつくる

05 経営戦略で、強みを生かして優位に立てる

経営戦略とは、ヒト・モノ・カネの資源配分で、利益を生む差別化を目指すこと

❖「差別化が利益を生む」のがよい経営戦略

経営戦略にはさまざまな定義があります。本書では実践的な定義として「経営戦略とは自社の強みを生かし、競争において優位性（顧客に評価される）を継続的に維持できるように、資源配分をすること」と認識しておいてください。もっと短く言うと「差別化が利益を生む」のが経営戦略です。

あたりまえのことを言っているようにみえますが、みなさんの周りを見渡すと、他社と何の代わり映えもしない（差別化されていない）製品・サービスがいかに多いことでしょう。

よい経営戦略のキーワード

- 目的が明確
- 競合に真似されない差別化
- 顧客に評価される優位性
- 優先順位が明確

↓

「差別化が利益を生む」仕組みになっていることが重要

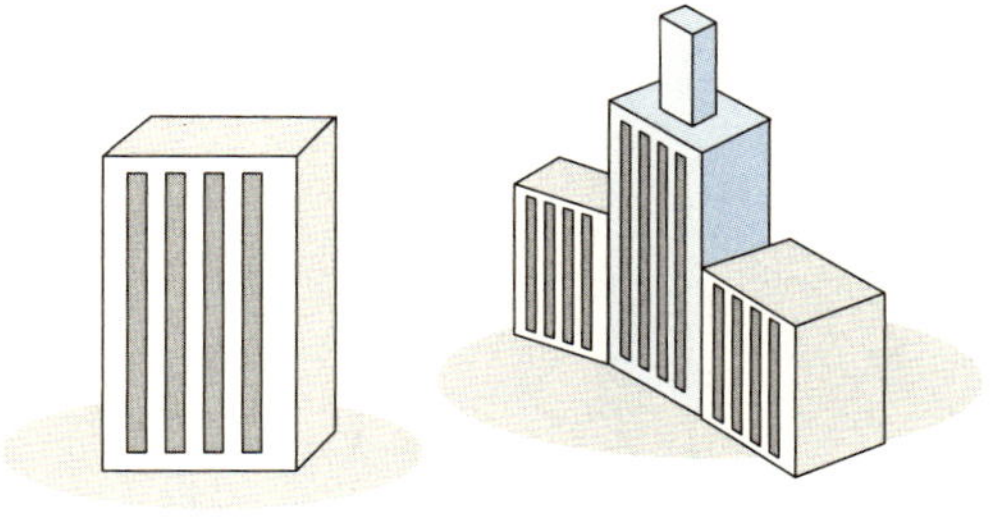

もしくは自社としては差別化しているように感じていても、顧客がその違いを明確に感じていない、もしくは違いを感じていても「良い」と評価してくれないケースがほとんどではないでしょうか？　顧客が違いを認識し、かつ「良い」と評価してくれない差別化は、単なる自己満足であり、戦略ではないのです。

90年代までの右肩上がり経済のもと、日本企業は他社と同じようなことを真面目にしていればある程度生き延びてこられました。

しかし、国内での大手企業と中小企業の棲み分けが崩れ、大手企業がグローバルな競争に直面する現代では「差別化が利益を生む」経営戦略を考え、実行しないと大手企業も中小企業も勝ち残っていけないのです。

❖大事なのは資源配分（どこに配分する、しない）を明確にすること

もうひとつ経営戦略の定義の中で重要なのは、「資源配分」が含まれるということです。会社のお金、人、その他の資産をどこに重点的に振り分ける

戦略的資源配分とは

戦略がないと

資源配分を意識した戦略では

●このとき、それぞれの選択肢のプラス・マイナスを比較して取捨選択をしていきます。これをトレードオフと言います

か、もしくは振り分けないかの意思決定を明確にすることが必要なのです。みなさんがいろいろとしたいことがあってもお金、時間（企業でいえば人）などの制約があり、すべてをまんべんなくはできません。

あれも、これもと欲張って結局なにも達成できずに不満足な結果に終わった経験は、みなさんもおもちなのではないでしょうか？　企業経営でも資源配分が重要で、ゆえにどこに資源を配分しないか（何をしないか）の意思決定が目的達成の成否を分けるのです。そう考えると、ベンチャー企業における経営戦略の重要性もわかっていただけるでしょう。

06 勝てる戦略策定の五つのコツ

経営戦略策定の五つのコツ
マクロ・切り口・競争・トレードオフ・定量化

❖経営戦略を立てるにもコツがある

経営戦略を考案するというと、いろいろなフレームワークを駆使するものすごく頭の良い人の仕事……のようなイメージをもたれるかもしれません。実はこれからお伝えする五つのポイントをおさえると、あなたの戦略策定のレベルがいちはやくアップします。

本職として経営戦略策定のプロを目指すならば、他にもポイントは数多くありますが、通常のビジネスシーンで勝てる戦略をつくるには次の五つのポイントで十分でしょう。

経営戦略策定の五つのコツ

①マクロに考える

世の中には大きな流れ、法則があります。その流れや法則にそった視点から考えてみるということです。法則的な考えとしては「新しい製品はS字型に浸透するという製品ライフサイクル」や、中途半端な規模ではかえって利益率が低くなるという「V字カーブの法則」などがあります（左図参照）。

②切り口を変える

つまり定義を変えてみることです。たとえばGEの過去の事業定義は製造業でしたが、自社の強みはその巨大な信用力で、低金利で資金調達できることであると認識を変えてみた結果、利益の大半を金融業から得るビジネスモデルに変換されました。

③競争を考える

自社の技術サービスはどうしてもよく見えがちで、競合は進化せず自分だけが進化するように思って戦略を立てている例が多く見受けられます。最悪

市場をマクロに見る法則例

マクロな法則例：
「V字カーブの法則」

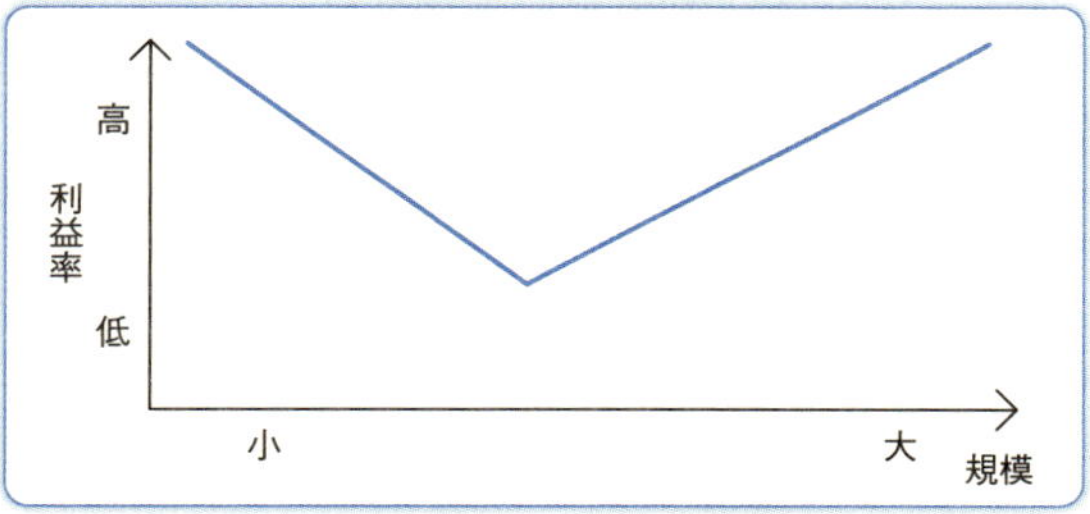

●中途半端な規模の会社は利益率が低くなりがちで生き残るのは難しい

郊外型ファミリーレストランチェーンの事業特性
V字カーブ

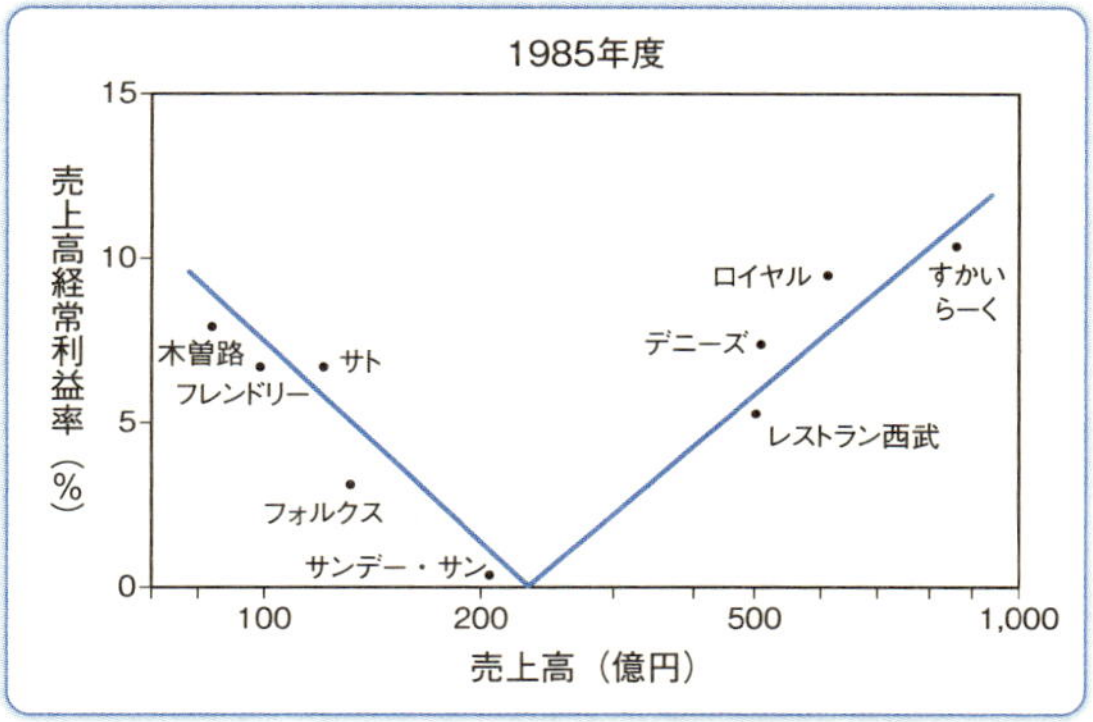

出典：『もっと早く、もっと楽しく、仕事の成果を上げる法』古谷昇／PHP研究所

の競争相手はどんなことがありうるか、どんな手を打たれたらいやか……など、競争に関して一番困るケースは何かを想定して戦略をたてましょう。

④ トレードオフ

前項にも書きましたが、トレードオフとは何かを選択し、何かを捨てることです。大事なのは選択する理由（もしくは捨てる理由）を自分なりにもってトレードオフを行なうことです。

⑤ 定量化

トレードオフを行なうために必要なのが定量化です。どちらの可能性も定性的には否定しがたく、なかなか選択できないケースはよくあります。定性的な議論を数字におきかえて（定量化して）比較し、選択することが重要です。

戦略策定の５つのコツ

❶ マクロに考える

❷ 切り口を変える

❸ 競争を考える

❹ トレードオフ

❺ 定量化

↓

〈このコツをつかめば一気に戦略策定がうまくなる〉

出典：『もっと早く、もっと楽しく、仕事の成果を上げる法』古谷昇／PHP研究所

07

環境分析で自社の立ち位置を把握しよう

「環境分析手法」
マクロ環境分析とミクロ環境分析の手法

ビジネスにも全体感のある地図が必要となる

地図もなしに山道をやみくもに歩き回っても目的地につけないように、経営戦略においても自社の置かれているポジションを確認する（環境分析をする）必要があります。無事に登山をするには、地図で全体における位置（外部環境）を確認するとともに、自分の基礎体力、疲れ具合（内部環境）も確認しなくてはいけません。

マクロ環境分析の主なポイント

政治項目

業界に影響を与えるような
法律・規則・政策や外圧

経済項目

経済成長、消費動向、投資
動向、労働市場動向、産業
構造の変化など

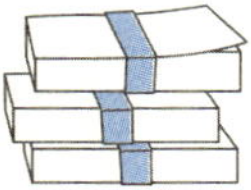

文化・社会項目

人口構造の変化・流行・
価値観や生活様式

技術項目

自社の技術に影響を与える、
置き換えるような技術動向、
技術革新

会社の外側（外部環境）と自社（内部環境）の両方を見よう

環境分析は大きくは外部環境（自社外）と内部環境（自社内）に分かれますが、外部環境分析は更にマクロ環境分析とミクロ環境分析に分かれます。ミクロ環境分析では、自社が直接に製品・サービスを提供する業界を分析し、マクロ環境分析では、その業界に影響を与えるさらに大きな社会構造や、技術・政治・経済などの動向を確認します。

たとえば、ビールをつくっている会社ならばミクロ環境分析では、ビール業界を中心に競合や、新規参入、顧客である消費者のビールへの嗜好動向、ビール自体を置き換えるような技術（第三のビールなど）の動向を検証します。マクロ分析においてはさらに大きな視点から、ビール業界に影響を及ぼす要素を検証します。

具体的には、45ページの図で見るように、政治的動向としてアルコールに関する法律・税制、経済動向として飲食支出やアルコールを消費するような娯楽支出の動向、社会的動向として人口や年齢別構成の推移、技術動向とし

ミクロ環境(業界)分析のための5つの力分析

● 業界の魅力度を五つの競争要因から測る

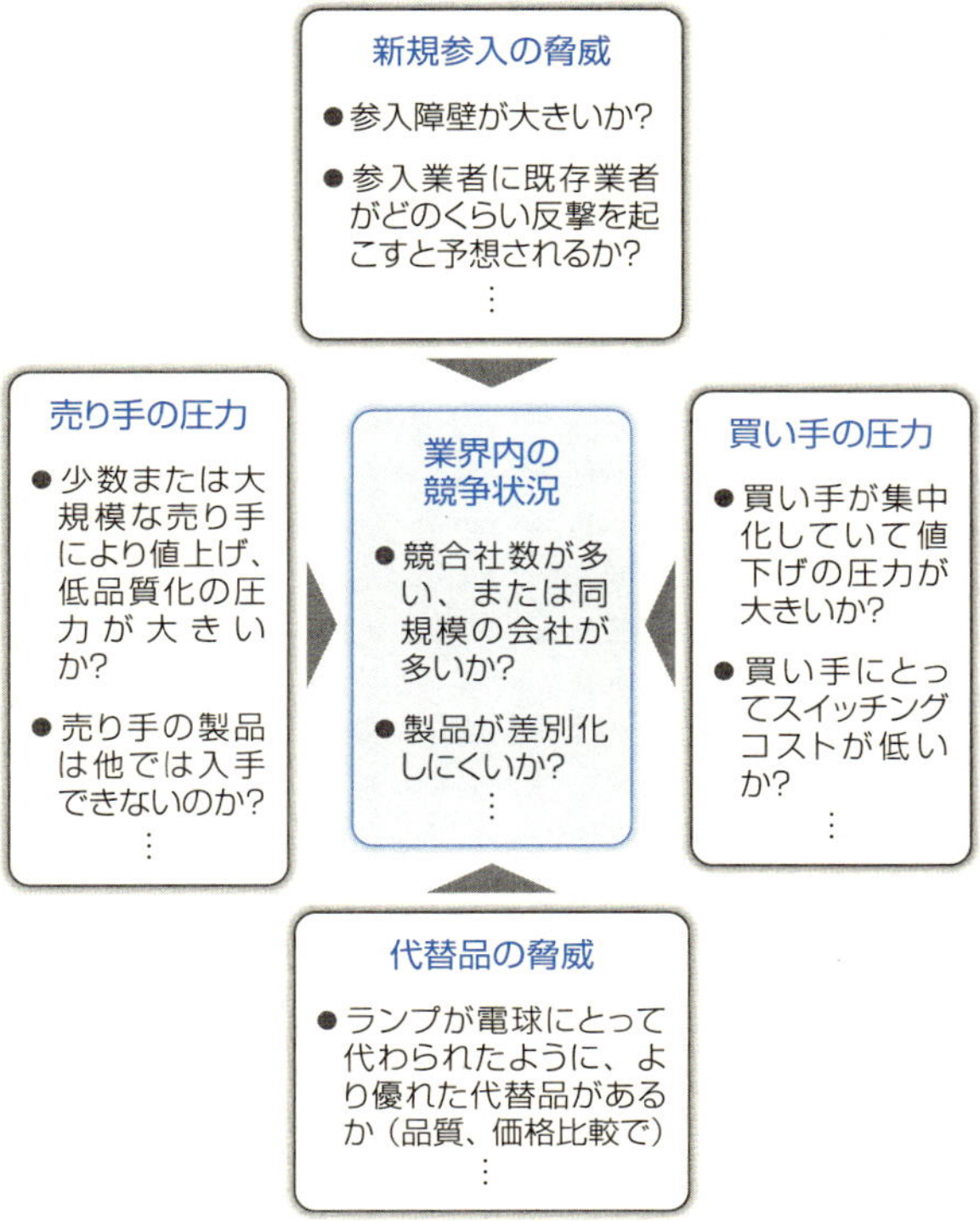
新規参入の脅威
●参入障壁が大きいか?
●参入業者に既存業者がどのくらい反撃を起こすと予想されるか?
⋮
売り手の圧力
●少数または大規模な売り手により値上げ、低品質化の圧力が大きいか?
●売り手の製品は他では入手できないのか?
⋮
業界内の競争状況
●競合社数が多い、または同規模の会社が多いか?
●製品が差別化しにくいか?
⋮
買い手の圧力
●買い手が集中化していて値下げの圧力が大きいか?
●買い手にとってスイッチングコストが低いか?
⋮
代替品の脅威
●ランプが電球にとって代わられたように、より優れた代替品があるか(品質、価格比較で)
⋮

● 五つの競争要因のプレッシャーが強いとその業界の魅力度は小さい

て将来的に既存のビールの概念を置き換えるような技術のネタが出てきていないかなどを分析します。

ヨネックスの米山社長が日本経済新聞の『私の履歴書』のコーナーで、会社立ち上げの頃は桐でできた業務用の「浮き」をつくっていたが、ある年から全く注文がこなくなったと回想していました。技術変革で軽いアルミ製の「浮き」にとって代わられたのが原因だったのですが、これが最初の会社存亡の危機だったとのこと。それ以来、事業に関係のある外部情報を技術変革も含めて、意識的に収集するようになったと書いています。米山社長は実践から外部環境分析の必要性を体感されたわけです。

08 SWOT分析で、自社の強みと弱みを見極めよう

自社の強み・弱み、チャンスと脅威を見極めよう

SWOTで、自社の強み・弱みとチャンスと脅威を整理する

SWOT分析は、最もよく使われる分析ツールです。前項で見てきた内部環境分析による自社の強みと弱み、外部環境分析による市場機会と脅威をとりまとめて、SWOTと呼びます。SWOTは強み・弱み・機会・脅威の英語の頭文字です。

SWOT分析を活用するポイントは、時期と視点を特定すること

SWOT分析をする際には、まず前述の内部・外部環境分析を行ない、重

要な要素をもれなく出し切ることから始めます。

それらの要素を、ある特定時点において、自社から見て、プラスとなるものは「強み」または「機会」へ、マイナスとなるものは「弱み」または「脅威」へと整理していきます。

時点を特定することは重要です。なぜなら、ある時期の強みが、別の時期には弱みになっていることがあるからです。

たとえば、北海道で規模がナンバー1の事業者があり、5年前は競争市場が道内のみに閉じていたため、その圧倒的な規模が強みだったとします。しかし近年は競争市場が全国化し、その企業が全国規模では7~8位になっていたとします。その場合、現時点では自社の規模はすでに強みではなく、逆に弱みになっているので、これからは規模ではなく地域密着サービスなどを強みにする必要がある、というようなことがわかります。

SWOT分析とは

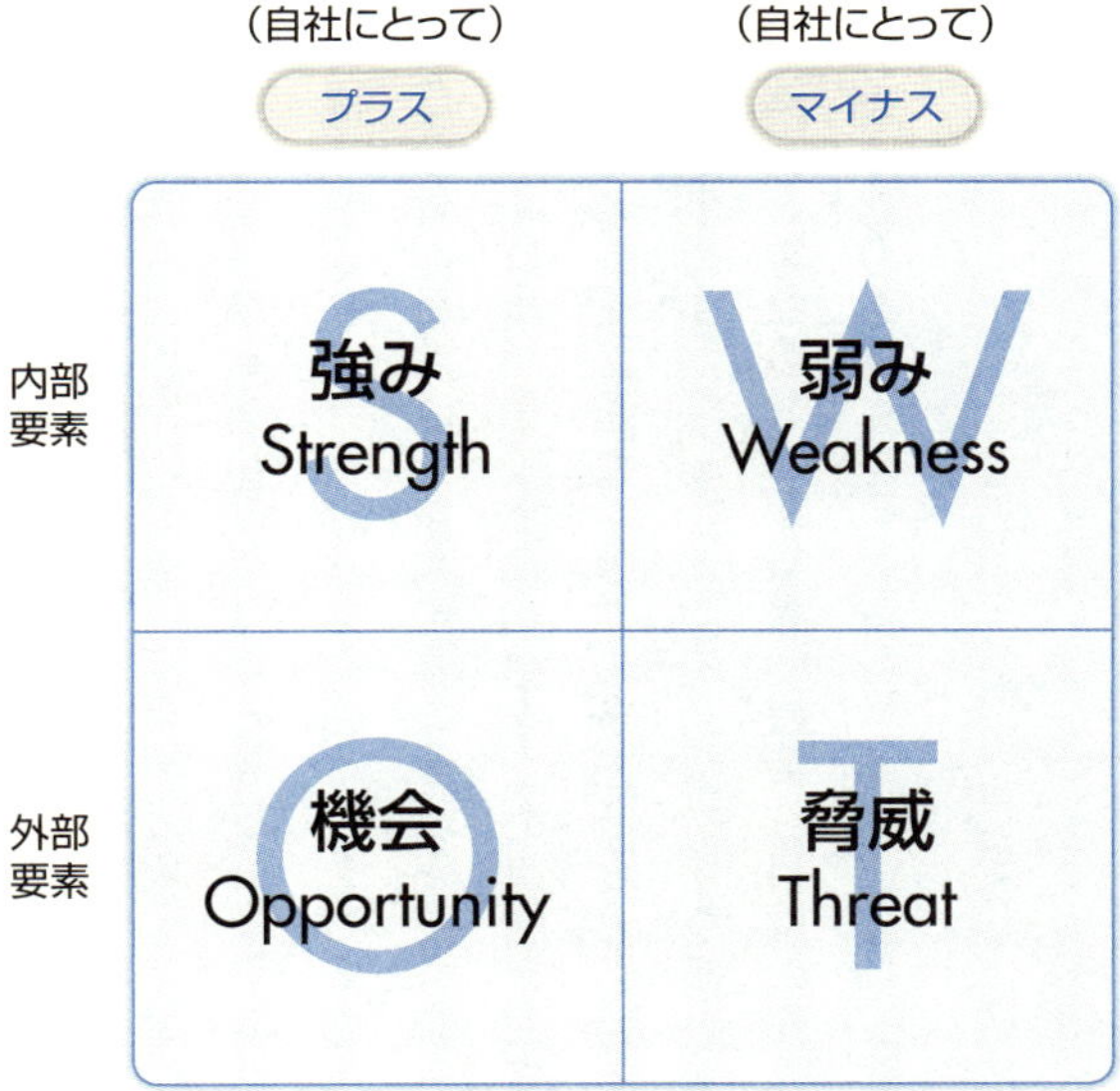

	(自社にとって) プラス	(自社にとって) マイナス
内部要素	強み Strength	弱み Weakness
外部要素	機会 Opportunity	脅威 Threat

- 強み／弱みは、製品の品質・コスト・流通・開発力・ブランド・マーケティングや営業力・顧客サービスなどを競合と比較して考える
- 機会／脅威は、マクロ分析の項目を自社にとってプラスか、マイナスかの視点で考える
- プラス・マイナスのどちらとも判断のつかないものは、判断保留のセルを設けておいてもよい

❖成功要因に照らし合わせて考えよう

ＳＷＯＴ分析のポイントは、外部要因である機会・脅威を考える際にその業界での成功要因（ＫＳＦ…キー・サクセス・ファクター）は何かを意識することと、自社内の強み・弱みを考える際にはその成功要因に照らし合わせて、その成功要因をどれだけもっているかを考えてみることです。

ＳＷＯＴ分析の目的は、自社の強み・弱み、機会・脅威を見極めることですが、そのためには、出てきた項目をたたき台にして、それが本当に強みなのか、弱みなのかを議論し、また、弱みをどうしたら強みにできるかを議論することが重要です。

強みと機会が重なる分野が最大の機会、自社の弱みと脅威が重なる部分が最大の脅威となります。

SWOT分析による戦略の方向性

	機会(Opportunity)	脅威(Threat)
強み(Strength)	1 自社の強みを使って優位に進められる事業は何か?(最大の機会)	2 自社の強みで脅威に打ち勝つ方法はないか? 他社には脅威でも自社の強みで脅威を機会に変えられないか?
弱み(Weakness)	3 自社の弱みを改善して機会を取り込むことはできないか?	4 最悪の事態を回避する方法は何か?(最大の脅威)

- SWOT分析自体は、環境分析を整理するツールで、議論のたたき台をつくるための材料
- その整理された内容を、上記の図のように考えることが戦略立案の第一歩

▶ SWOTの応用として、自社のSWOTだけではなく、競合のSWOTをつくると相手の出方を読みやすくなり、また、顧客のSWOTをつくると踏み込んだ営業提案がつくれるようになります。

09 低コスト・差別化・集中で、競争力アップ

ポーターのポジショニング理論
三つの戦略で自社の競争力の源泉を考える

❖戦略の基本的なパターンを知ろう

環境分析ができたら、次はどんな戦略をとったらよいのかを考えたいです。そこで、そもそも戦略のとり方にはどんな種類があるのかを、世界で最も有名な経営学者の一人であるハーバード・ビジネス・スクールのマイケル・ポーター教授の基本戦略類型にそってご紹介します。

ポーター教授は戦略には基本的に以下の3種類の方向性があり、企業はそのいずれかを選ぶべき（あれも、これも……の中途半端はよくない）と言っています。3種類の基本戦略とは、①コストリーダーシップ、②差別化、③

ポーターの３つの基本戦略

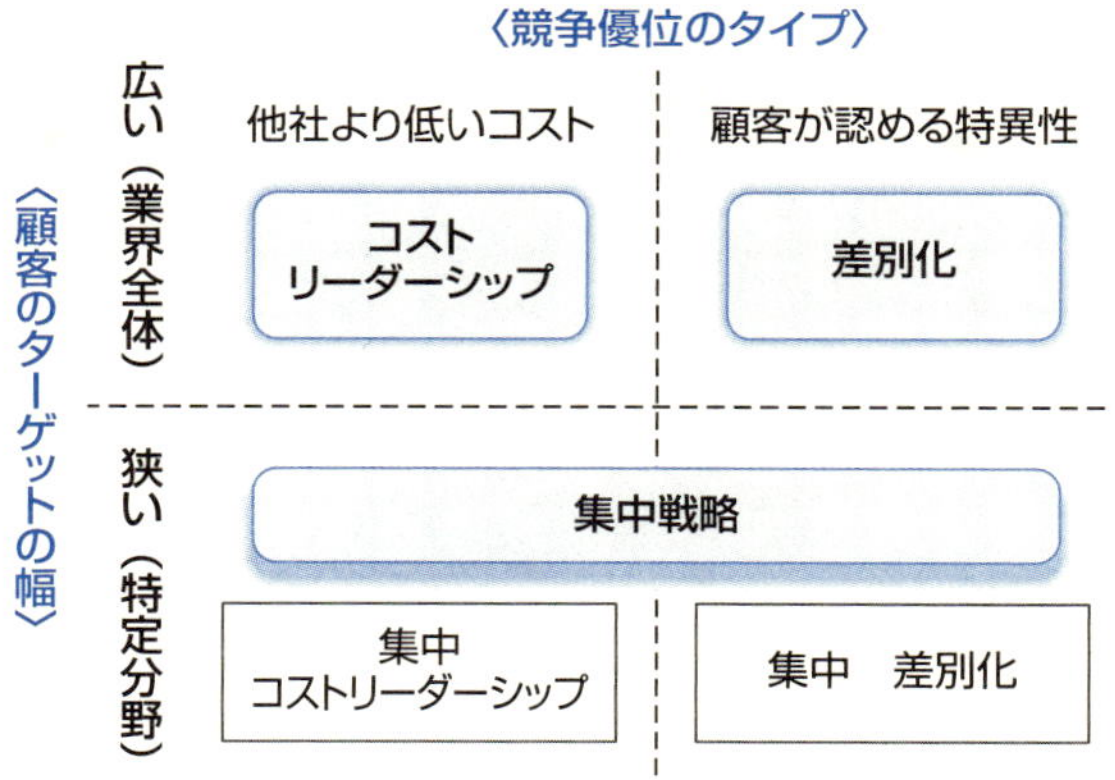

コストリーダーシップを実現する2条件

規模の経済
（スケールメリット）

生産量の増加にともない単位当たりのコスト（固定費）が減少すること

一時期でも
効果

経験曲線効果
（エクスペリエンスカーブ）

累積生産量が増加することにより固定費・変動費が減少すること

時間を重ねることで
効果

集中、です。

① コストリーダーシップ戦略

他社よりも低コストであることで勝ちにいく戦略です。低コストを実現するために、事業規模を拡大し（そのためには初期に大規模投資が必要です）、迅速にシェアを拡張できるような低価格（ペネトレーション価格）を設定して、大きなシェアをとることで「規模の経済」と「経験曲線効果」で、さらなる低コストを実現するという好循環を生み出すのがポイントです。

この好循環で高い利益率を実現しようとするのです。

② 差別化戦略

顧客が重要視する（低価格以外の）要素で競合に対して差別化する戦略です。他社よりも高い付加価値を提供し、その分高い（プレミアム）価格を実現しようとします。

ポーターの３つの基本戦略の事例

紳士服業界の例

		〈競争優位性のタイプ〉	
		〈他社より低コスト〉	〈顧客が認める特異性〉
〈顧客のターゲットの幅〉	〈広い業界全体〉	コストリーダーシップ戦略 **洋服の青山** 規模の大きさを活かした全年齢向けの安売りスーツ	差別化戦略 **銀座英国屋** 高級テーラーメード
		集中戦略	
	〈狭い特定分野〉	集中：コストリーダーシップ戦略 **オンリー** 若年層向けツープライススーツ：（スーパー・スーツ・ストア）	集中：差別化戦略 **ユナイテッドアローズ系** 特定テイストに合わせたセレクトショップ

差別化の方向としてはブランド、技術、デザイン、顧客サービス、販売チャネルなど、さまざまなものがあります。

顧客がその価格を払ってもよいと思うだけの高い付加価値を提供できるかがポイントです。提供側が高付加価値と自己満足していても、顧客が価値を評価してプレミアム価格を払ってくれなければ、戦略とはいえないことに留意しなくてはいけません。

③ 集中戦略

特定の顧客、特定の地域、特定の分野など限られた領域に企業の資源を集中する戦略です。

前述のコストリーダーシップや差別化戦略は業界のほぼ全体を目標にするのですが、集中戦略は特定のターゲットに絞り込むことで効率・効果を高め、その分野でのコスト優位性や、差別化を図ろうとします。

10 「マーケティング」とは売れ続ける仕組みづくり

マーケティング戦略はターゲット顧客を特定し、製品・価格・チャネル・コミュニケーションを最適化すること

❖マーケティングの役割は売れ続ける仕組みをつくること

マーケティングとは一言でいえば「売れ続ける仕組みづくり」です。営業はマーケティング活動の重要な一部と考えます。マーケティングの役割は自社の顧客を探し出し、その顧客ニーズと自社（の各部門もしくは、関係会社）を結びつけることです。

もう少し具体的にいうと、マーケティングとは顧客を理解し、市場を細分化して、自社の対象とする顧客を特定し（ターゲッティングし）、四つのP、すなわち、①モノやサービス（プロダクト）、②価格・価値（プライス）、③

流通（プレイス）、④顧客とのコミュニケーション（プロモーション）を最適化する活動を続けることです。

この四つのPの組み合わせのことを「マーケティングミックス」とも呼びます。

マーケティング戦略策定プロセスもスパイラルで循環する

実際のマーケティングの戦略策定プロセスは「環境分析→ターゲット市場・顧客の選定→マーケティングミックス（4P）の最適化」という要素からなります。

ここでのポイントは、このプロセスが常に循環（スパイラル）し続けることです。よいマーケティング戦略とは、環境分析での認識と、ターゲット顧客・ポジショニングと、4Pのそれぞれの要素の整合性が取れていなくてはいけません。上記のプロセスを一巡させただけでは、なかなか互いに整合したマーケティング戦略にはならないことが多いので、何巡も回す必要がある

「マーケティング」とは

マーケティング ＝
- 売れ続ける仕組みづくり
- 経営戦略を実行するツール
- 顧客と会社のすべての機能をつなぐ“にかわ”

のです。

また、環境と打ち手（4P）が整合していなくてはいけないということは、環境が変化したら、それに応じて打ち手も変化しなくてはいけないということです。そういった意味でも環境変化に対応して、上記プロセスが循環する必要が出てくるのです。

ここまで見てきたように、マーケティングは広い意味をもっているので、その中には市場調査や、広告・宣伝、ブランドづくりや、流通政策などが自然と含まれてくるのです。

「マーケティングってアンケートなんかの市場調査だろう」とか「広告チラシをまくことだろう」という認識の方もいます。それは必ずしも間違いではありませんが、市場調査や広告は本来のマーケティングの一部であり、マーケティングの全体像なくして、その一部の行為だけを行なっても成功はおぼつかないことを肝に銘じてください。

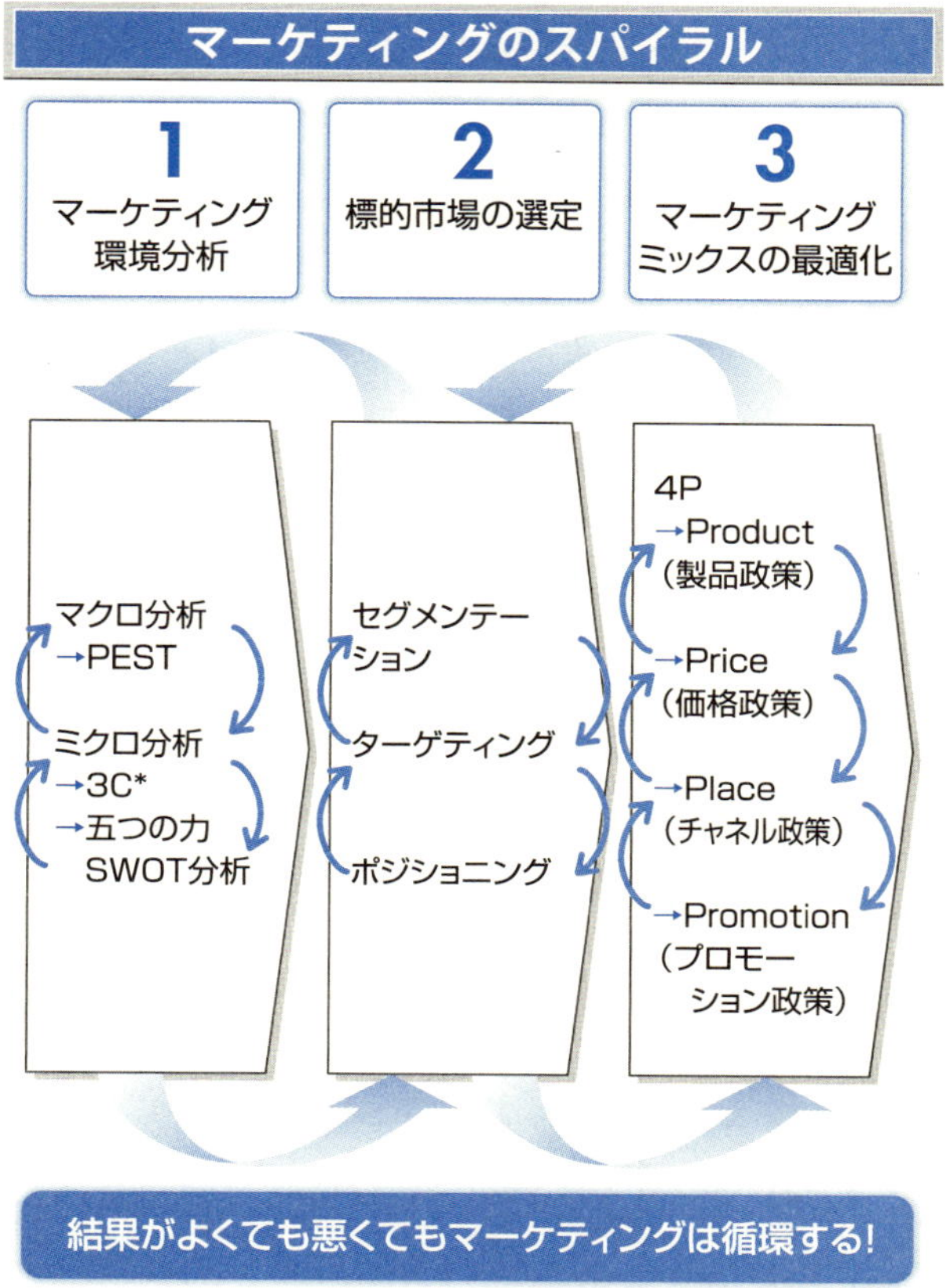

*3C：Competitor（競合）、Company（自社）、Customer（顧客）の三つをバランスよく分析する手法

11 デキる人は、常にお客さんの視点で考える

お客さんの視点で考えるVS提供側の視点で考える

❖お客さんの視点で考えるとはどういうことか

マーケティングで最も重要なことは「お客さんの視点」です。お客さんの視点で考えろとはよく言われますが、実際どうしたらよいかわからない、お客さんの視点を考えている気にはなっているが実態が伴わないケースが多いのではないでしょうか。

ユーモア手品師のマギー司郎さんの十八番の手品で、縞模様のハンカチを手の中に入れて、それまで縦縞だったものを横縞に変えるというものがあります。

お客さんの声を聞く方法はさまざま

- 直接、最終消費者に聞きに行く
- 小売の担当者に聞きに行く
- 卸の担当者に聞きに行く
- 業界ウォッチャーに聞きに行く
- アンケートをする
- フォーカスグループをする
（複数の人を呼んで座談会形式で意見を聞く）
- 現場（店頭）に行って、ひたすら観察する
- インターネットやモバイルで聞く

・
・
・
・

複数の手法を組み合わせて聞いてみましょう

手の中で縞の方向を変えているだけで、ネタは最初からバレバレなのですが、マギーさんのトークとあいまってお客さんは楽しんでいます。

同業の手品師は、プロはもっと「難しいちゃんとした手品」を見せるものだと批判的だったと聞きます。しかし、お客さんはマギーさんの馬鹿馬鹿しいほど単純な手品を楽しみ、ウケているのです。

プロの価値観と、お客さんの視点の違いが、ここにはあったようです。お客さんの「手品で笑いたい」という視点を理解していなければマギーさんのこの芸は生まれてこないのです。

みなさんの周りにもマギーさんを批判した手品師のようなこだわりをもって、お客さんは使いやすさを求めているのにこの機能で競争しなくては……もっとスペックを上げよう……と猪突猛進している人はいませんか？

❖声を聞きに行くお客さんも選ばなくてはいけない

一生懸命お客さんの声に耳を傾けているのに、全然売れなかった……というケースもあります。

これは、聞く相手の選び方か、もしくは聞き方が間違っているのです。新しい製品を開発するときは、ついついヘビーユーザーや、その道の第一人者に聞くことが多いです。そうした人のニーズは特殊であったり、程度が極端であったりして、必ずしも多くの人がそうしたニーズをもっていない場合も多いのです。本当に売りたい相手と、自分が聞きにいっている相手が一致しているかをよく確認しましょう。

では、普通の人に聞きに行けばよいかというと、これも聞き方が難しいのです。漠然とオープン質問（どんな○○が欲しいですか型の質問）を投げかけても、普通の人は答えられません。普通の人には選択ができる質問をなげかけたほうが答えやすいのです。

12 狙うべき顧客がわかれば、自社のアピールの仕方がわかる

セグメンテーション・ターゲティング・ポジショニングで、自社が狙う顧客を探し、自社を差別化して印象付けよう

❖セグメンテーション、ターゲティング、ポジショニングの意味とは

セグメンテーション、ターゲティング、ポジショニングは、マーケティングに必ず出てくる割に、実際にはなかなか使いこなされていません。これらの言葉の使い方を混同しているのも一因のようです。まずは定義を確認しましょう。

セグメンテーションは「市場・顧客を意味のある集団に切り分けること」、ターゲティングは「その切り分けたセグメンテーションの中から自社が狙うべき対象を選択すること」、ポジショニングは「ターゲット顧客の頭に自

セグメンテーション・ターゲティング・ポジショニングとは

- **セグメンテーション**（市場細分化）：マーケティング戦略上、同質と考えても差し支えないと判断される集団（市場セグメント）に分解すること
- **ターゲティング**：セグメントのうち規模・成長性・競争などの観点から自社に有利な狙うべきセグメントを定めること
- **ポジショニング**：ターゲット顧客の頭の中に、他の商品と差別化していると認知される、明確で価値ある製品イメージをつくり出す活動

セグメンテーションの切り口

変数(切り口)	セグメントの例	該当する商品の例
①地理的変数		
地方	関東、関西など	地域限定商品=「江戸前」アサヒビール
気候	寒暖、季節など	季節限定商品=「秋味」キリンビール
人口密度	都市部、郊外、地方など	ロードサイドDS=青山商事
②人口動態変数		
年齢	少年、ヤング、中年、高齢者など	学年誌=『小学○年生』小学館
性別	男、女	女性向けタバコ=「バージニアスリム」フィリップ・モリス社
家族構成	既婚、未婚など	主婦向け雑誌=『すてきな奥さん』主婦と生活社
所得	3000万円以上など	高級車=「ベンツ」メルセデスベンツ社
職業	ブルーカラー、ホワイトカラーなど	健康ドリンク=「リゲイン」三共
③心理的変数		
ライフスタイル	スポーツ好き、アウトドア志向など	RV(レクリエーショナル・ビークル)=「パジェロ」三菱自動車
パーソナリティ	新しもの好き、保守的など	
④行動変数		
求めるベネフィット	経済性、機能性、プレステージなど	機能性飲料
使用率	ノンユーザー、ライトユーザー、ヘビーユーザーなど	
⑤製品の使用パターン	本体、塗装、触媒など	化学物質
アプリケーション	計算、保管、発表など	表計算ソフト
最終ユーザー	建材、容器など	プラスチック
⑥加工レベル	原料、最終製品など	紙・パルプ

出典：『[新版] MBAマーケティング』グロービス・マネジメント・インスティテュート／ダイヤモンド社

社・製品を差別化された価値あるものとして位置づけること」です。

この三つの言葉は一連の流れの中で使われる仲間ですが、それぞれ違う作業なので、その違いを意識して考えるだけでずいぶん混乱が少なくなります。この一連の作業を通じ、自社が狙うべき価値あるターゲットを特定するのです。

デルコンピュータのケース

デルコンピュータは、市場を直販と小売という軸と、高価格と低価格という軸でセグメンテーションしました。

ターゲットを決める選択基準は、自社が狙うに足る規模があり、成長可能性があることなどがあげられますが、なにより自社が（競合に対して）なんらかの強みを発揮できる分野であることが重要でしょう。

低価格で直販というセグメントは、まだ強い競合がいなく、今後成長が見込め、オーダー製造というデルの強みが生かせそうだったので、ここをター

ポジショニングの例

❶デルコンピュータのポジショニング

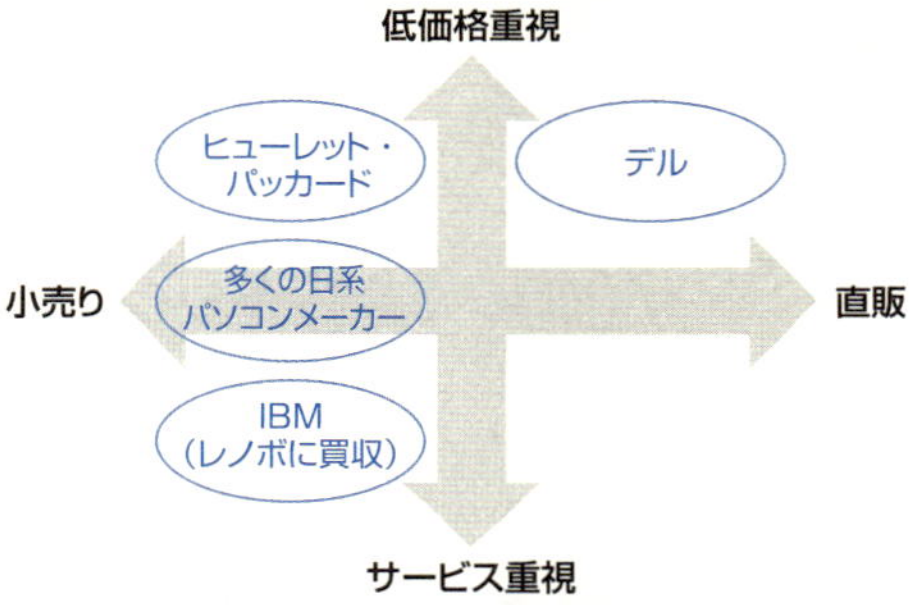

自社の強みに合ったポジショニングの例

❷スマップのポジショニング

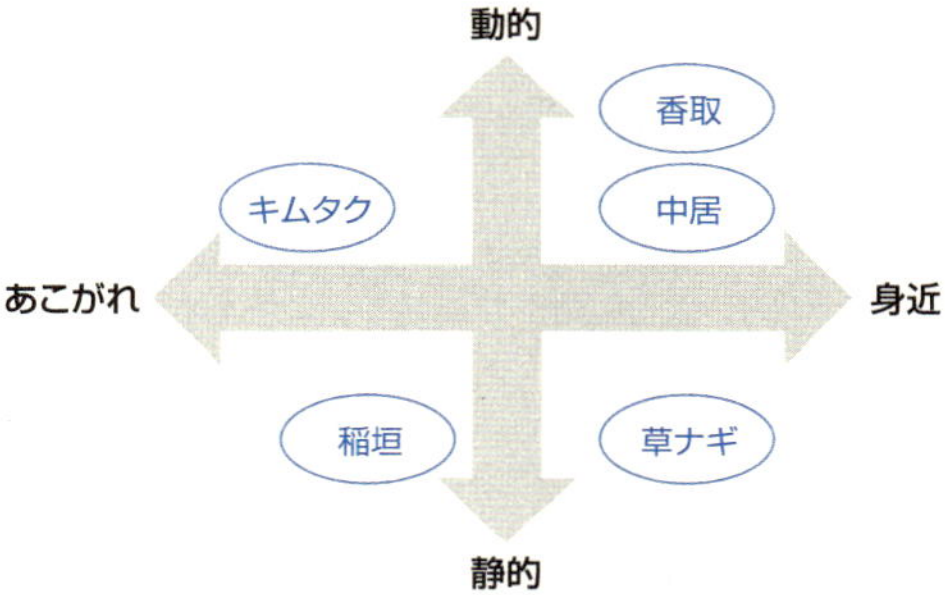

5人のポジションが重ならず、バランスよくファン層をおさえている

ゲットにすることにしたわけです。顧客へのデルのポジショニングは、「低価格＋直販＝ＢＴＯ（ビルド・トゥ・オーダー）」です。

ポジショニングをするうえで重要なのは2点あり、一つは、最終的に顧客に伝えるポジショニングは明快で、シンプルであることです。あれもこれもでは顧客は混乱し、インパクトが弱くなりますので、ひとことでいうと何かを考えましょう。デルのＢＴＯというポジショニングはシンプルかつ明快です。

ポジショニングで二つ目のポイントは、ターゲットとの整合が取れていることですが、デルはターゲットをそのまま体現したようなポジショニングで、よく整合性がとれています。

13 顧客ニーズを反映した製品・サービス戦略とは

製品の3階層（コアベネフィット・提供形態・付随機能）のどこで勝負するのか

❖製品の3階層（コアベネフィット・提供形態・付随機能）とは

マーケティング戦略における四つのPのひとつはプロダクトですが、これはサービスも含みます。製品・サービス戦略を考える際には、製品の3階層のどこで勝負するのかを意識することが重要です。

製品の3階層とは、コアベネフィット（中核的便益）、提供形態、付随機能です。顧客のニーズがこの3階層のどの段階にあるか、競合がどこまできているかを見ながら、どの階層で勝負をするかを考えます。

す。

製品の3階層を把握する

コアベネフィットは、その製品に対して顧客が根本的に求めている便益です。

よく「お客さんはドリルではなく、穴が欲しいのだ」と言われます。穴が簡単に開けられることがドリルに求められるコアベネフィットです。製品の立ち上がり期では、このベネフィットを提供する商品をいち早く提供することが勝ち要因です。

提供形態は、そのベネフィットをどのような形態で提供するかということで、たとえば、カバーを付けて安全なドリルにする、電動化して便利にするなどです。この提供形態で勝負するには、お客さんとR＆D（研究開発機能）の間を近くして、製品改良のスピードを上げる必要があります。

お客さんが機能競争に飽きてくると、次には、アフターサービス、保証などの付随機能（付加価値）で勝負するステージになります。

お客さんのニーズの進化レベルを見極めながら、コアベネフィットで勝負

製品の3つのレベル

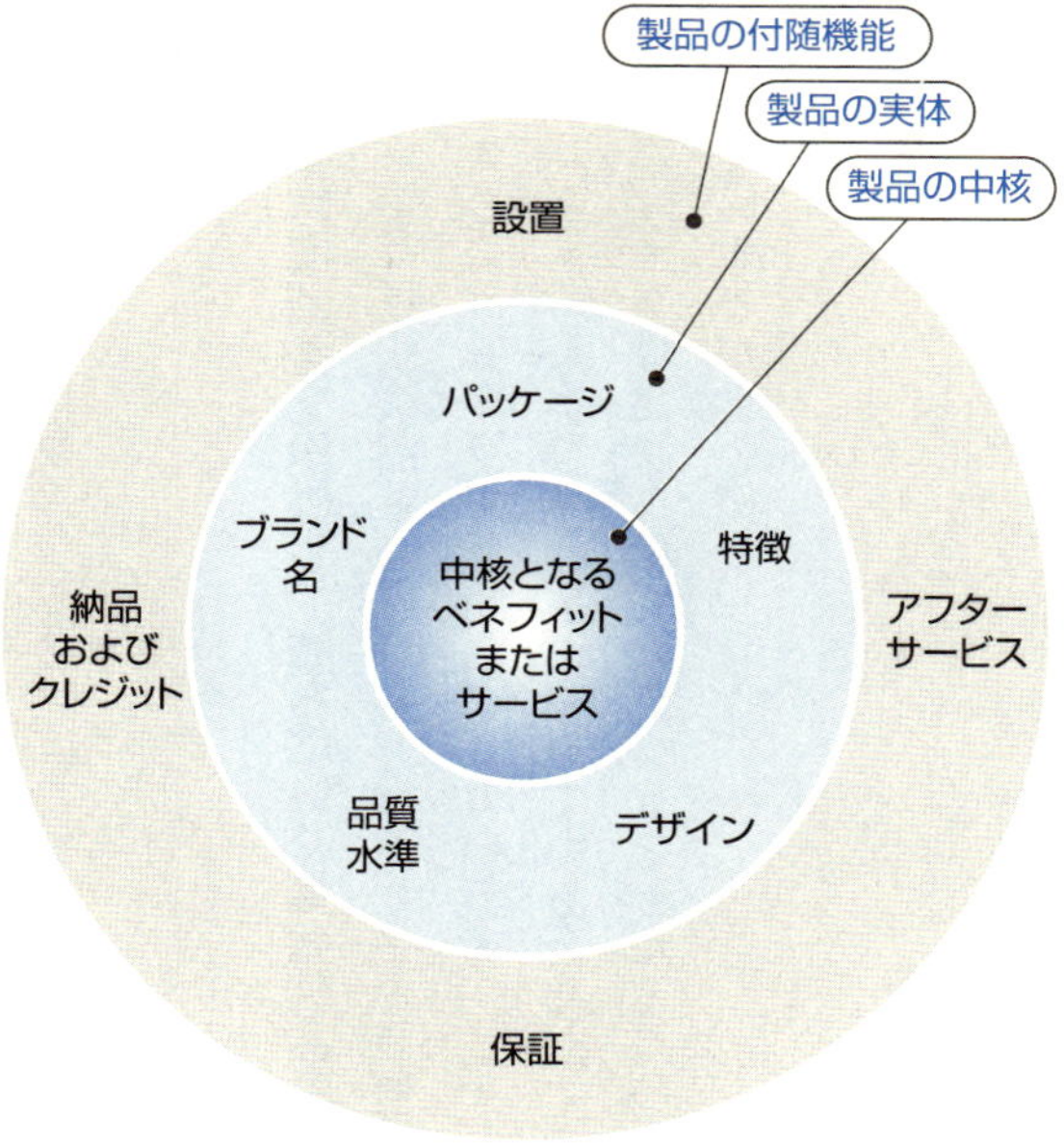

出典：『コトラーのマーケティング入門』フィリップ・コトラー／ピアソンエデュケーション

製品ごとに、この3階層のどこで勝負するかが変わってくる

▶ そうじ機なら製品の中核機能

▶ 化粧品ならブランド名やパッケージ

するのか、付加価値で勝負するのか、それとも付加価値競争も行き詰まってきたので、再度コアベネフィットの見直しをすべきなのかを考えて製品戦略を立てます。

❖グループで付加価値を提供し、勝ちにいく拡張製品戦略

さらに進んで、拡張製品という考え方もあります。他社の製品も巻き込んで製品・サービスグループで勝負しようという考えです。マイクロソフトというコンピュータの基本ソフトをつくっている会社が、応用ソフトをつくる外部の会社にマイクロソフト専用のソフトをどんどんつくらせることで顧客を囲い込んでいるのがよい例でしょう。

新製品開発

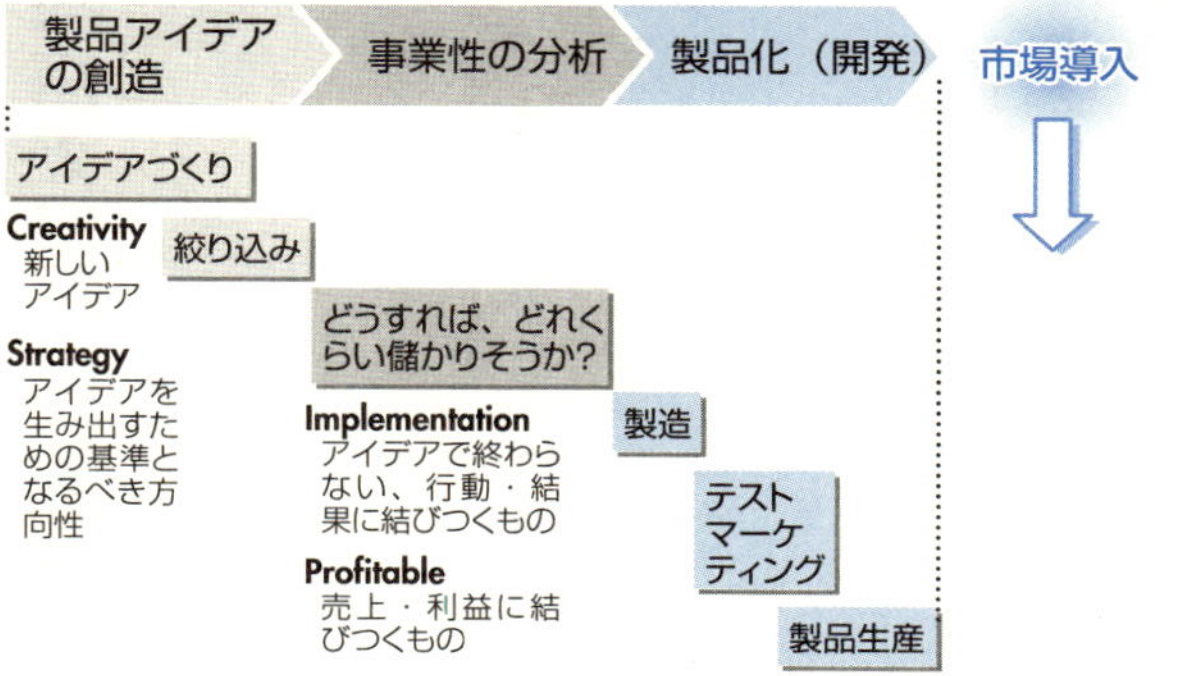

新製品開発のプロセス

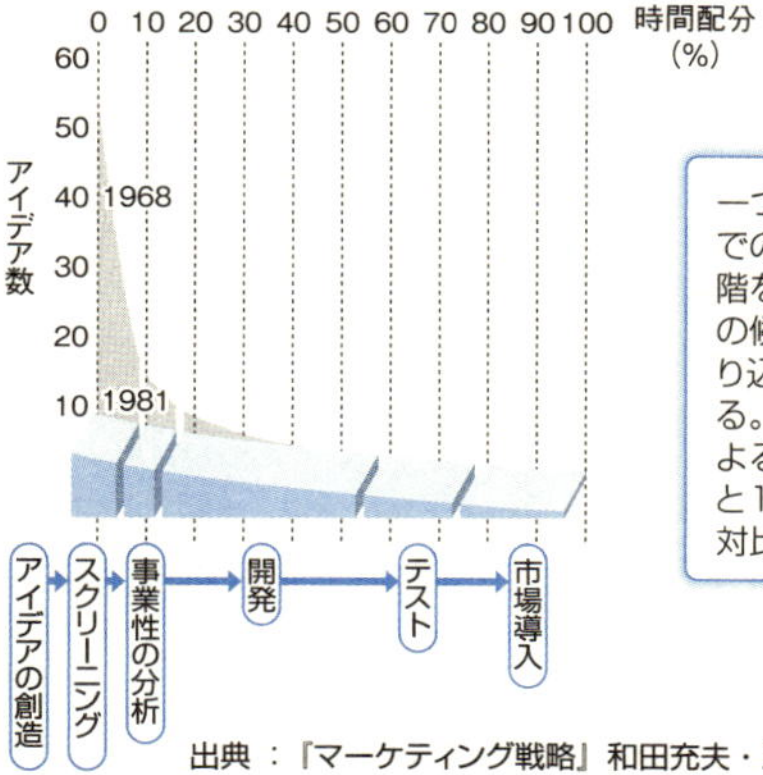

一つの製品が開発されるまでの段階を示している。段階を経るにつれて、新製品の候補であるアイデアが絞り込まれていく様子がわかる。ここでは、BA&H社による1968年の調査結果と1981年の調査結果が対比されている。

出典：『マーケティング戦略』和田充夫・三浦俊彦・恩蔵直人／有斐閣

14 利益を生み出す価格づけ

お客さんが認知する価値と価格を一致させる価格設定と、買いたい気持ちにさせる価格戦術

❖基本的な価格設定は「付加価値・競争・コスト」の3点から

お客さんは、その認知する製品・サービスの価値と、価格が一致してはじめて購入してくれます。お客さんの認知する価値は、お客さんにとっての付加価値と、競争状況から決まってきます。

価格を決める前には、費用とマージンから最低限いくらで売らなくては利益がでないという費用面から見た価格も考える必要があります。必要であればコストダウンも考えましょう。

お客さんにとっての付加価値から見た価格は、製品・サービスの機能的な

価格設定

価格設定の三つの視点

❶ 付加価値から見た価格
❷ 競争状況から見た価格
❸ コストから見た価格

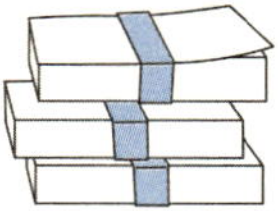

付加価値と競争状況から価格ポジションを考える

価値と価格のマトリクス

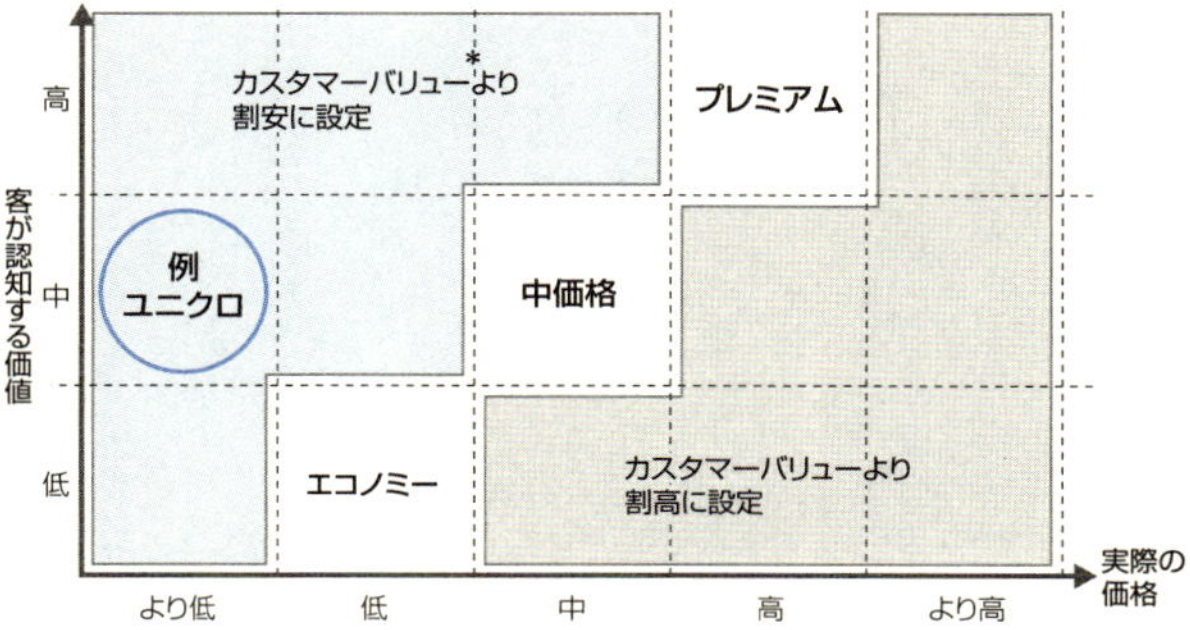

*カスタマーバリュー（顧客が認める付加価値）

付加価値だけではなく、イメージやデザイン・サービスのよさなど、さまざまな付加価値を反映させることも可能です。大事なことは、企業側がひとりよがりに考える付加価値ではなく、お客さんが「良い」と評価してくれる付加価値でなければ、その分のプレミアム（高い値段）を払ってくれないことです。

たとえば、自社と同じ機能をもっと高い価格で売っている競合がいて、そこが自社の倍以上も売れていたとします。調べて見ると、競合はそのソフトの研修が充実していて、24時間の電話相談もあり、顧客はそのサービス部分を非常に重要視していてプレミアム価格を払っていた……というのはよくある話です。

このように顧客への付加価値と競合の価格状況は、両方見る必要があります。価格に敏感な顧客層で、規模を大きくすれば費用が下がりやすい業界であれば、競合よりもぐっと価格を低めにしてシェアをとりにいったり、逆であれば高めに設定したりします。

買いやすい心理にさせる価格戦術

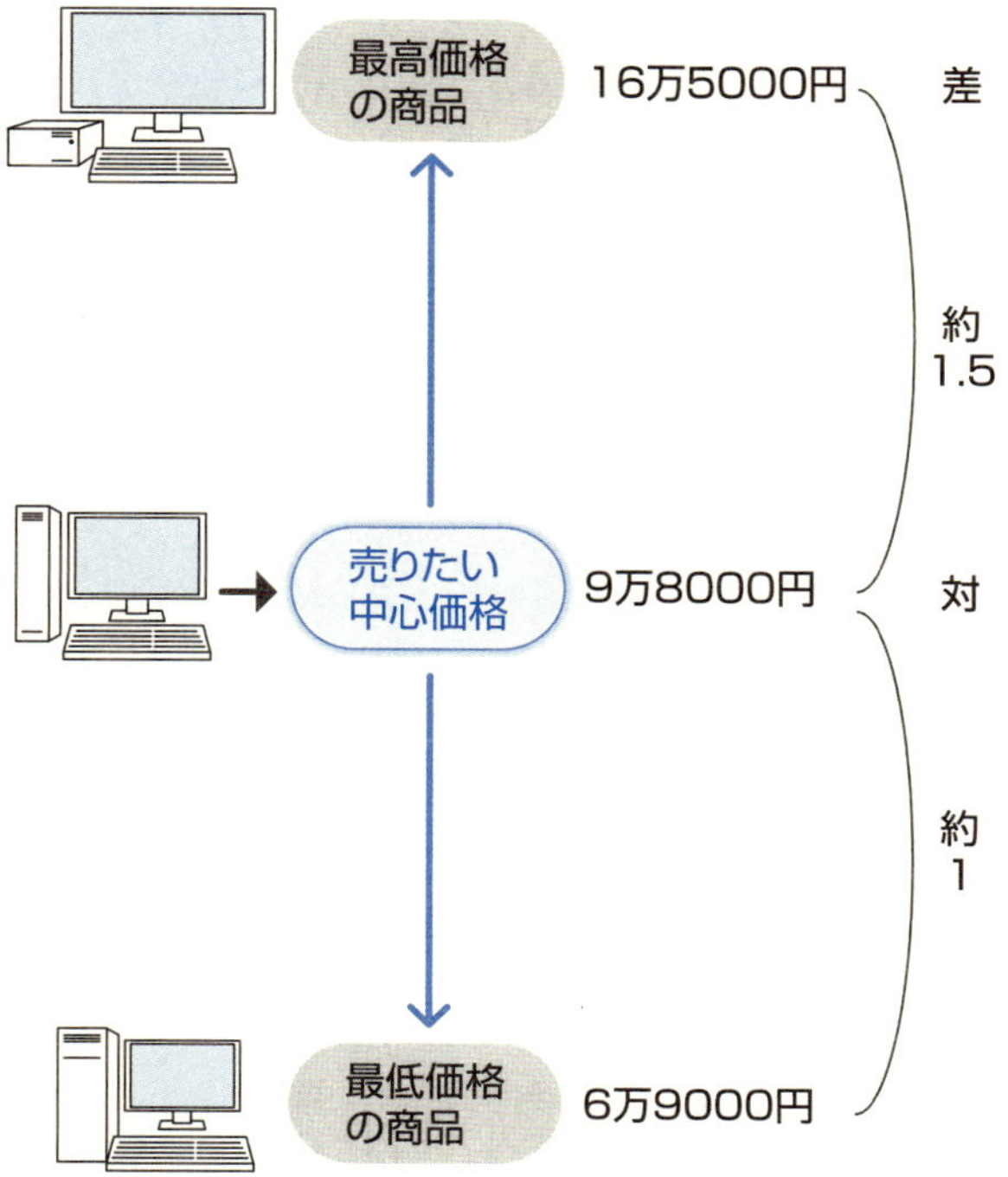

❖買いたい気持ちにさせる価格戦術とは

高級品以外であれば、2万円とか2000円にせず、1万9800円や1980円など、半端な価格にすると買いやすい気持ちになることは有名です。

それ以外で特に小売で有効なのは、特に売りたい商品があった場合、その種の商品群の上限と下限の価格帯商品をおくことで、買いやすい気持ちにさせることができます。

たとえば、9万8000円の商品を中心価格帯にしたいのであれば、前ページの図のように下限価格帯を6万9000円、上限を16万5000円にするのです。このとき、若干上限価格の離れ具合を大ききめにするのがミソです。

15 流通は、モノも情報も顧客に届けてくれる

流通・チャネルはターゲット顧客とチャネル特性が一致しているかがポイント

❖チャネルは社外に動いてもらうことなので慎重に

チャネル・流通戦略は、他社に働きかけてこちらの思うように販売してもらわなくてはいけないので、マーケティングミックスの中でも特にコントロールが難しく、また、いったん構築すると変更が難しいので慎重に設計する必要があります。

自社の営業マンもチャネル戦略の一部ですが、よい営業マンを採用し、成果を上げさせるのもなかなか難しいものです。

❖チャネルはモノを流すだけでなく情報も流れる

効果的にチャネル戦略を考える際には、①所有権の移動（取引の流れ）、②モノの流れ、③情報の流れ、に区分けして考えるとよいでしょう。

チャネルを単にモノを売ってもらう相手としてとらえるのではなく、自社情報を顧客に伝える広告塔として、また顧客のナマの声を収集する情報源としてチャネルを広くとらえ、自社のパートナーとして双方の利益になる関係を構築することもチャネル戦略のポイントです。

❖新興企業にもチャネル構築のチャンスはある

伝統のある企業ほど確立したチャネルをもっているので、新規参入者にはチャネル構築のチャンスがないように見えるかもしれません。

しかし、逆に伝統企業は、時代遅れになっても既存のチャネルをいきなり変えるわけにはいきません。したがって、お客さんの視点から新しいチャネルを構築できれば新興企業にもチャンスが出てきます。

さまざまな段階数のチャネルの例示

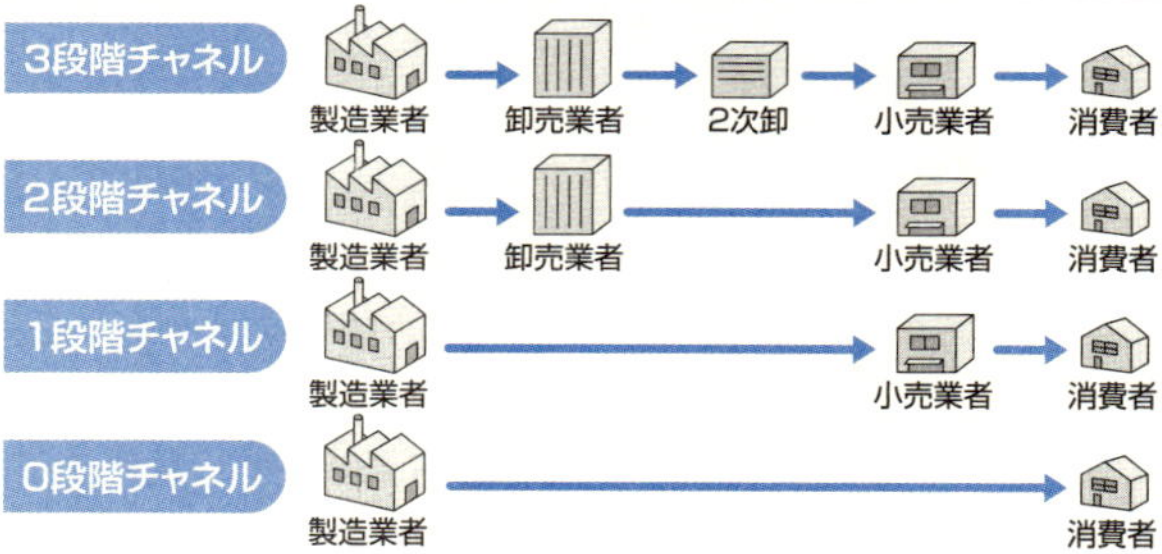

チャネル段階の変化の例

3段階チャネル	酒や食料品の流通は伝統的に3段階以上の流通プロセスを経ることで広くあまねく全国に流通させてきた。これは末端の小売店が独立系で規模が小さかったためである。流通産業研究所の調査では、必ずしも3段階チャネルの業界が、2段階チャネルの業界よりもマージン率が高いわけではない（高コストではない）という結果が報告されている。
2段階チャネル	スーパーなどに納入する食品メーカーはこの卸を使って2段階チャネルにしていることが多い。卸売業者は単に商品を流すだけでなく、棚割提案、顧客情報の集約管理などの付加価値をつけて生き残りを図っている。
1段階チャネル	大手ディスカウンターなどは、生産者から直接・大量に商品を仕入れることで、大きなコストダウンを図っている。世界最大の小売業者であるウォルマートも、この1段階チャネルと規模の経済効果で劇的な安売りを実現している。ただし、流通在庫情報などを適切に把握しないと大量の在庫コストを抱えたり、機会ロスをまねいたりすることもあることには注意したい。
0段階チャネル	インターネットで直接顧客に販売する業者が増えてきたが、確かに販売窓口はインターネット経由でゼロ段階にしているが、物理的流通をどうするかはインターネット通販業者の大きな課題である。物流では既存の物流パートナーと組むケースも多い。

たとえば保険業界では、国内保険会社は旧来からの個人販売員や代理店がチャネルの中心でしたが、新興・外資は電話・ネットなどのダイレクト販売チャネルを開拓し、一気にシェアを拡張したのはみなさんも記憶に新しいのではないでしょうか。これは自分のニーズに合わせて保険を選択したいという顧客層と、電話・ネットという顧客が主導権を握ることができるチャネルの特性が一致していたこともポイントです。

ターゲット顧客とチャネル特性が一致しているかどうかが、チャネル設計最大のポイントなのです。

ターゲット顧客とチャネルを一致させる

- 最先端のハイテク文具は、普通の文房具屋には流さず、直営店や、家電量販店の特設コーナーに置く

- 高級感ブランドがウリの商品は、ディスカウントストアや、百貨店のヒラ場には置かず、百貨店の個別コーナーや直営店に置く

- ホンダがバイクを売りに米国に参入したころは、バイクは“地獄の天使”の野蛮なイメージがあり、既存のチャネルは、そうしたアウトロー層が来ていた。普通の人をターゲットにしたいホンダは、アウトロー的なイメージのある既存チャネルではなく、あえて独自チャネルを開拓した

16 顧客をひきつけるコミュニケーション手法

宣伝広告主体のプロモーションから、お客さんの理解を深めるコミュニケーション戦略へ

❖お客さんに「良いと認知」されないと買ってはもらえない

どんなによい商品・サービスでもお客さんに知ってもらい、理解してもらわなくては買ってもらえません。最近は、一方的に企業の情報を伝える〝プロモーション戦略〟ではなく、継続的にお客さんと企業側の理解を深めていく双方向のプロセスが必要だという考えから、〝コミュニケーション戦略〟という呼び方をすることが多いです。

コミュニケーション戦略の設計(例)

1	誰に	最先端商品好きな客層に
2	どんなメッセージを	この最新の携帯スケジュール管理ツールは、最新のテクノロジーを最高級品質で提供する →ゆえにクールである
3	タイミング	年度が改まる3～4月にかけて
4	どのように	TV・雑誌のマス広告媒体中心に4月には販促イベント
5	予算・その他	××円

このようにコミュニケーション戦略の大筋をつくることで、具体的な議論がしやすくなる

コミュニケーション戦略で明確にしておくべき四つのポイント

コミュニケーション戦略においては、①誰に、②どんなメッセージを、③どのタイミングで、④どのように伝えたいのか、を明確にすることが必要です。たとえば、89ページの図のようにコミュニケーション戦略の大筋をつくることで、具体策が議論しやすくなってきます。

④の、どのように伝えるかは、コミュニケーションの手段ですが、その手段には広告・宣伝、パブリシティ、販売促進、人的販売（直接に営業マンが伝える）などがあります。広告・宣伝中心の伝え方を「プル」、人的販売中心の伝え方を「プッシュ」と呼びます。

コミュニケーション戦略をつくる際にもう一つ重要なのは現状と目標値を明確にすることです。単に当社の認知度を上げる……ではなく、現在、当社のターゲット顧客の認知度は10％なので、これを50％に上げるであるとか、ブランドを好きだと言ってくれる人が現在20％なのを30％にする、というように定量化できるとよいでしょう。

プレスリリースでパブリシティ

プレスリリースの留意点

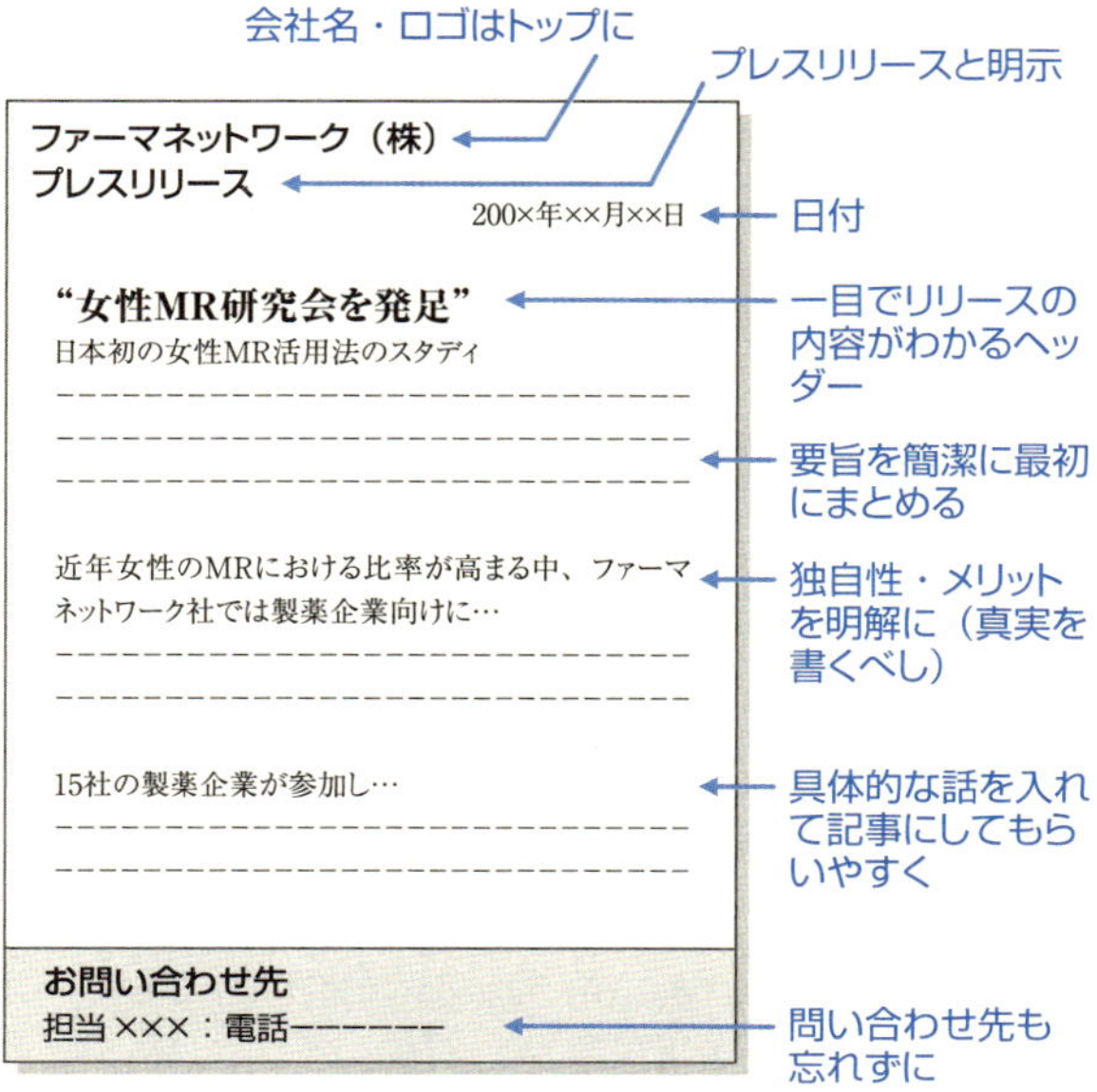
会社名・ロゴはトップに
プレスリリースと明示
ファーマネットワーク（株）
プレスリリース
200×年××月××日
日付
“女性MR研究会を発足”
日本初の女性MR活用法のスタディ
一目でリリースの内容がわかるヘッダー
要旨を簡潔に最初にまとめる
近年女性のMRにおける比率が高まる中、ファーマネットワーク社では製薬企業向けに…
独自性・メリットを明解に（真実を書くべし）
15社の製薬企業が参加し…
具体的な話を入れて記事にしてもらいやすく
お問い合わせ先
担当×××：電話−−−−−−
問い合わせ先も忘れずに

- リリース本文は短く（A4、2枚以内）
- 業界初！最大！…などのコピーは裏づけがとれているかを確認
- リリース後、すみやかに社内に周知徹底すること。営業マンが顧客からリリースの内容を尋ねられることもある

❖インターネットとパブリシティも活用しよう

伝統的マス媒体（TV・新聞・雑誌など）での広告・宣伝に加えて、最近はインターネットの重要性が増してきています。ネットの普及にともない若年層のみでなく、熟年層へのコミュニケーションもネットが有効になってきました。ただし、インターネットのブログや掲示板やSNS（ソーシャル・ネットワーキング・サービス）は、口コミと同じくコントロールがしにくいことに留意する必要はあります。

また、パブリシティ（マスコミに無料で記事にしてもらう）をいかにうまく行なうかは、お金のないベンチャー企業だけでなく、大企業でも真剣に考えるべきでしょう。

17 見込み顧客を育成し、既存顧客を囲い込むには

営業ピラミッドで、「見込み顧客の発掘・育成」「成約」「顧客のロイヤル化」のどこが滞っているかを探してみよう

❖マーケティング志向の営業は営業ピラミッドで考えよ

これからの営業は気合と体力だけでなく、マーケティング志向をもてと言われることが多いです。気合と体力は引き続き重要ですが、営業がマーケティング志向をもつためのツールの一つとして「営業ピラミッド」があります。

営業ピラミッドとは、95ページの図のように「見込み顧客の発掘・育成」、「成約」、「顧客のロイヤル化」という三つの階層からできており、売上が上がらない会社は、このピラミッドの各層で滞りを起こしている可能性が高い

のです。

営業ピラミッドの診断方法と対応策

① 見込み顧客の発掘・育成段階

営業先リストがある会社でも、見込み顧客リストを体系的に維持・管理している企業は少ないです。見込み顧客段階で滞るケースです。つまり、見込み顧客を定期的にフォローする仕組みを実践していない、また、すぐには購買に繋がらない顧客を自社のファンにすべく囲いこもうとしていない。

男女関係でいきなり結婚してくださいと言われてもびっくりしてしまう場合が多いのと同じで、企業と顧客の関係もお友達としておつきあいする（見込み顧客として購買前の関係をつくる）期間を設けることは有効です。

顧客リスト、定期的フォローといっても、まずは手書きのリストでの管理で十分です。

営業ピラミッド

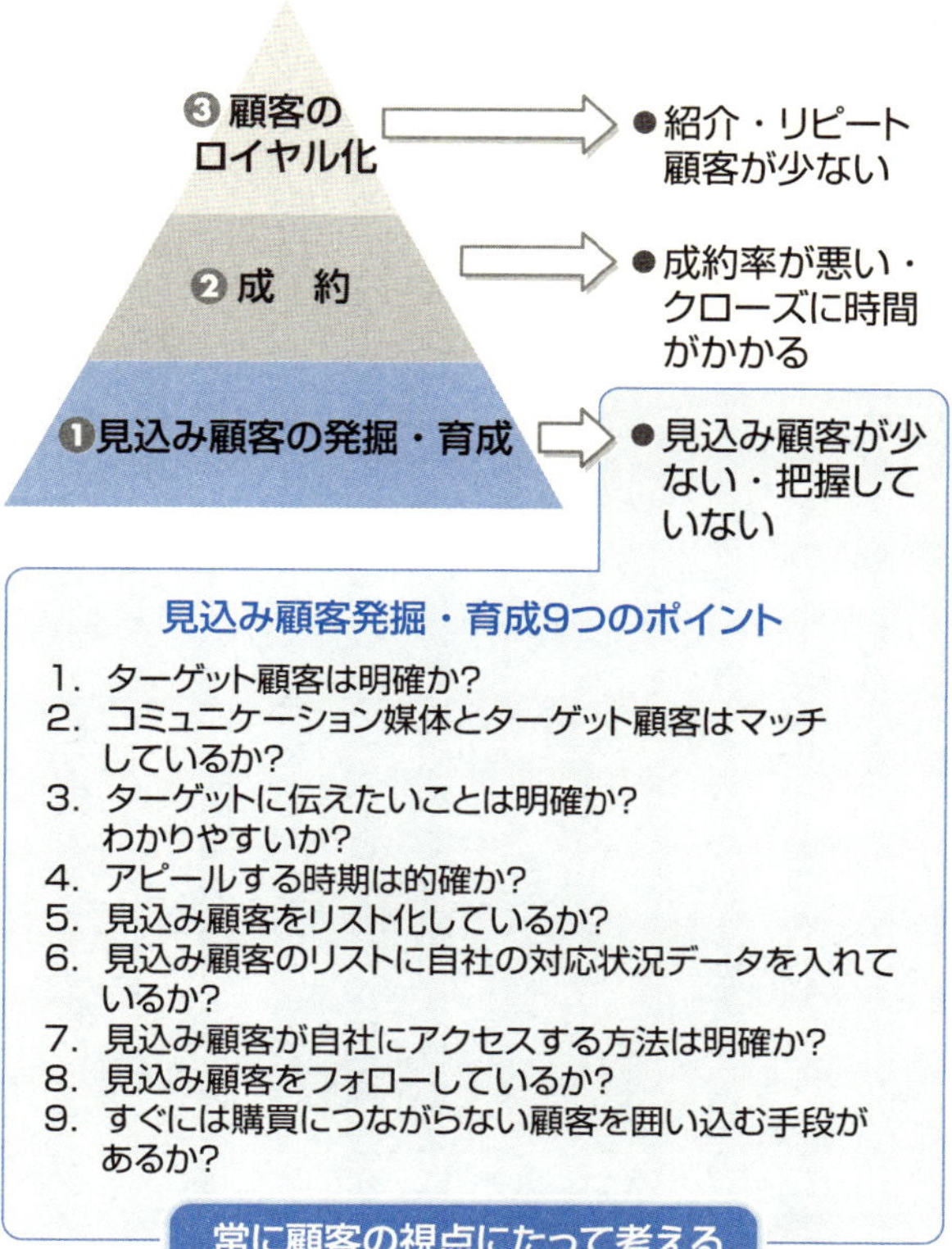

見込み顧客発掘・育成9つのポイント

1. ターゲット顧客は明確か?
2. コミュニケーション媒体とターゲット顧客はマッチしているか?
3. ターゲットに伝えたいことは明確か? わかりやすいか?
4. アピールする時期は的確か?
5. 見込み顧客をリスト化しているか?
6. 見込み顧客のリストに自社の対応状況データを入れているか?
7. 見込み顧客が自社にアクセスする方法は明確か?
8. 見込み顧客をフォローしているか?
9. すぐには購買につながらない顧客を囲い込む手段があるか?

常に顧客の視点にたって考える

出典：『週刊ダイヤモンド』ダイヤモンド社

②成約段階

ずるずる時間をかけても成約できない、買う気のある顧客にプッシュせず逃してしまう、などは制約段階で滞っているケースです。

これを避けるには、お客さんの「ノー」には種類があることを意識するとよいでしょう。今日（このタイミングでは）ＮＯ、この価格ではＮＯ、あなたからはＮＯ、そのサービス条件ではＮＯ……など、ＮＯにも種類がありま す。可能性のある顧客とそうでない顧客を見極めて、成約クローズにかける労力にメリハリをつけることが重要です。

③顧客のロイヤル化

これはＣＲＭ（顧客維持マーケティング）と言われていることで、既存顧客からの紹介・リピート・購買単価アップが少ない場合は、ここを改善することで飛躍的に売上を伸ばす可能性があります。

CRM

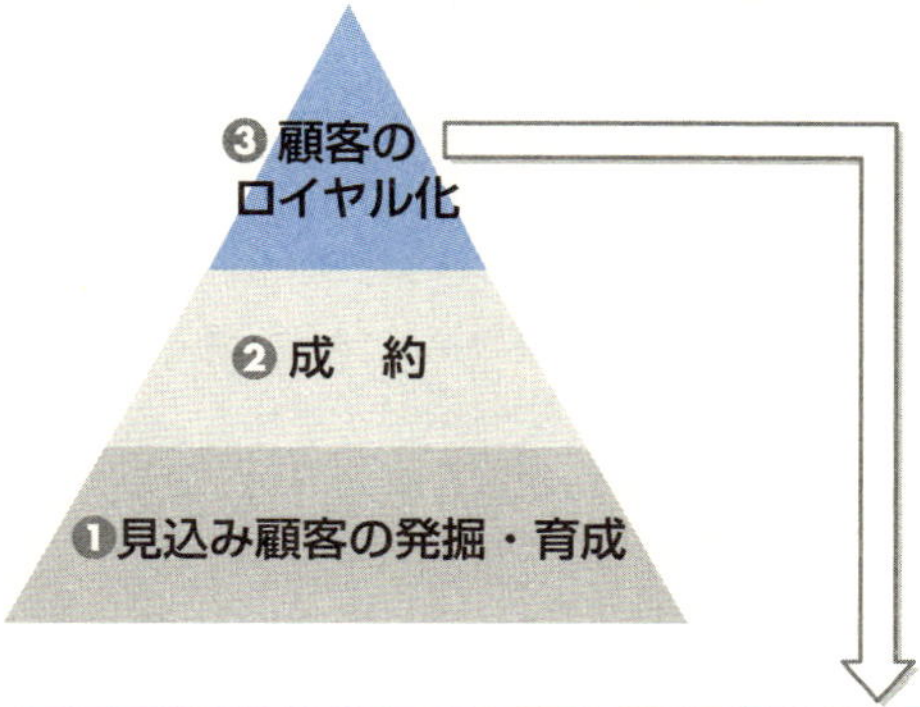

CRM（カスタマー・リレーションシップ・マネジメント）

- **目的は既存の顧客をロイヤル化することで、**
  ➡紹介・リピート・購入単価アップを目指す

- **以下のプロセスが必要**
  1. 購入客を知る
     - データベース化
     - 現在の状態、リピート、単価を確認
  2. 目的を決めて定期フォロー
     - 使用後の感想を聞く
     - キャンペーンの案内
  3. （必要に応じて）顧客に合わせた商品・サービスの提供
     - 必ず、短～長期の費用対効果も測定すべし

COLUMN ②

MBAの人気選択科目
ベンチャー・マネジメント　中編

ベンチャー企業の失敗確率は確かに低くはないですが、MBA で学ぶベンチャー・マネジメントによりそのリスクを減らすこともできます。ベンチャー・ビジネス失敗の理由は大きく以下の項目が挙げられます。

・営業・マーケティング戦略の読みの甘さ
　→予想よりも立ち上がりが遅れる。費用がかかる
・コスト管理の甘さ
　→資金繰りが詰まる
・技術・サービスへの過信
　→よいと思ってくれる人は一部だけ
・戦略・事業計画のつめが甘い
　→競合の出方・パートナーの動向を予測していない
・組織の能力不足・空中分解
　→経営陣・マネジメントのミスマッチ

こうして見てみると、ほとんど本書にカバーされている項目ですね。本書の内容はベンチャーの失敗を未然に防ぎ成功確率を上げることにも役立つのです。

第3章

強い組織は どうつくるのか

【組織】

18 マネジメントの悩みの半分はヒト（組織）

組織戦略は組織設計による全体のバランスと、ヒトの動機付け、自分のキャラクターを知ること、の三つ

❖組織の中で成功するポイントはトップの心理状態を知ること

マネジメントにとって戦略的意思決定は確かに重要な役割ですが、組織をリードし、動機付けることも重要な役割です。マネジャーの悩みの半分以上は、実は組織・ヒトの問題と言っても過言ではありません。

本書を読む方は、どちらかというとトップマネジメントというよりも、マネジメント候補生のみなさんが多いと思いますので、組織論の前に、会社組織内で成功するポイントを最初にお話ししたいと思います。

その一つはトップの心理状態を知ることです。トップは（ほぼ例外なく）、

組織内の共通言語と顧客視点の共通言語

- 組織の問題は誤解から生じる場合が多い

⇩

- 全社的に同じ理解のできる共通言語をつくりコミュニケーションを改善
  - 日本企業は内向きの共通言語が多かった
  - これからは顧客視点での“共通言語”を

GE：シックスシグマを顧客視点で共通言語化した例

- 品質管理のコンセプトであるシックスシグマを全社的に共通言語化（全社員がトレーニングを受ける）
- CTQ（クリティカル・トゥ・クオリティ）という言葉でお客さんにとって何が大事かを組織全体で議論できる土台をつくった

自分の言っていることを下の人々は正しく理解し、うけとめてくれないと思っています。みなによかれと思って取った施策・言動が下に誤解されていると思っているのです。

また、トップはいつも自分はイイタイコトを我慢していると思っています。いつもイイタイコトを言い放っているように見えるあの人でも、実は我慢していると思っていることが多いのです。

その心理状態を知ったうえで、自分の仕事を自分の上司の一つ上（できればさらにその上）の視点で見てみましょう。トップの視点で見渡すことで、本当になにが必要なのか、どうすべきか、もしくはすべきでないか……が見えてきます。

決して「お世辞」を使えということではなく、高いレベルの目的志向で考えようということです。

組織戦略のポイント

❶ 組織全体のバランス

- 組織形態：事業部制…
- 職務構成：職務規定…

❷ ヒトの動機付けと刺激

- 評価制度：成果型・プロセス型。360度評価など
- 選定方式：コンピテンシー理論の活用など

❸ 自分自身を知る

- マネジメントのタイプ分け

▶ トップマネジメントとしての人事・組織戦略を深く知りたい場合は日本CHO協会（チーフ・ヒューマン・オフィサー=CHO）を活用してもよいでしょう。
http://www.j-cho.com/

❖組織戦略のポイントは三つ

さて、マネジメントの悩みの種である組織戦略ですが、多少でも悩みを減らす方法はあります。一つは全社員に本書を与え、知識と意識のレベルを向上させることである……というのは半分本気です。

実際には、①組織全体としてのバランスを見る方法論と、②組織の構成要素であるヒトの動機付けと刺激の方法論、③自分自身の人間的向上、の三つの組み合わせです。

以降のページでは、①組織全体としてのバランスを見る方法論と、②組織の構成要素であるヒトの動機付けと刺激の方法論、を中心に話を進めます。

19 あなたの会社に最適な組織形態をつくろう

機能別組織、事業部別組織、マトリクス組織の三つが典型的な組織形態となる

❖典型的な三つの組織形態を知っておこう

組織は戦略に従うといいますが、どんな組織形態がどんな戦略に向いているかの大まかなルールを知っておくと、自分の組織を自己分析し、適切な組織案の議論ができるようになります。

典型的な三つの組織形態の特徴を挙げておきます。

❖機能別組織で専門知識の蓄積が容易になる

人事・製造・営業など、機能別に構成された組織形態です。

メリットは情報知識の共有が容易で、スペシャリストの養成が可能、機能間の業務重複が少ないので効率がよくなることなどです。

デメリットは、機能間の利益追求が起こりがちで、機能間で対立しがち、最終的意思決定がトップにゆだねられることが多くなり、時間がかかることでしょう。

❖事業部別組織は利益責任が明確で意思決定が早い

製品や顧客、地域、市場別に構成された組織です。各事業部ごとに利益責任を負います。

メリットは利益責任が明確で、意思決定が早くなる、マネジャーが早い段階から総合的な意思決定に参画しやすいので経営リーダーの育成がしやすいなどが挙げられます。

デメリットは事業部間の競争意識が強くなり、全社的協力体制がとりにくくなること、投資や業務が重複するため経営資源の配分が非効率になりがち

三つの組織形態

機能別組織

機能ごとの専門家がつくりやすいが、大きな意思決定に時間がかかる

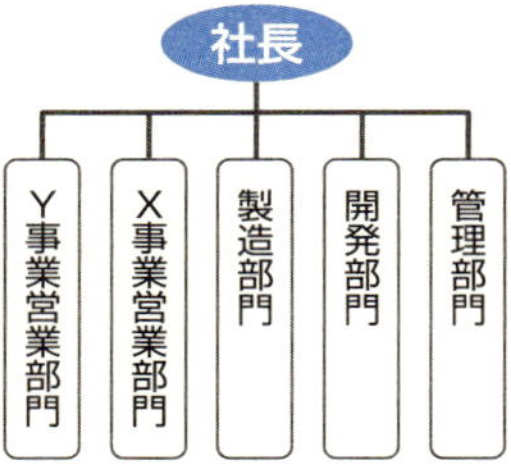

事業部別組織

利益責任は明確になるが、全社的協力体制の効率が悪くなりがち

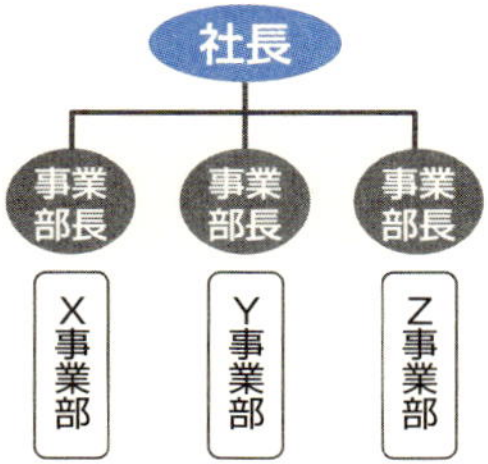

マトリクス組織

機能制と事業部制のイイトコドリだが実施は難しい

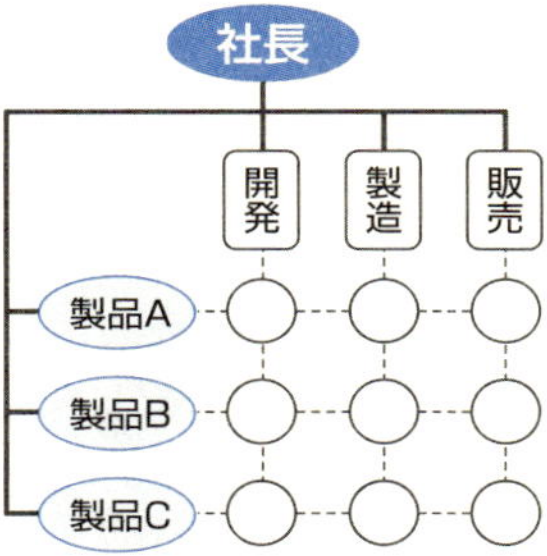

である点でしょう。

❖マトリクス組織は機能別と事業部別のミックスした形となる

機能別と事業部別の組織を組み合わせた組織です。通常、社員は2人の上司をもつことになります。

メリットは機能別組織の専門性が追求しやすいことと、事業部別組織の顧客適応性を追求しやすいことの両方を享受できること、仕事の必要に応じて迅速な対応が可能なことが挙げられます。

デメリットは、2人の上司をもつことで、権限や責任があいまいになり、社員が混乱しがちで、運用が難しいことが挙げられます。実際にマトリクス組織を成功裏に運営しているのは米国のMARS社など、ごく一部のようです。

変化対応型の組織

- **事業部型・機能型組織は変化に対応しにくい。マトリクス組織も変化対応型組織の一つだが、他の変化対応型組織としてプロジェクトチーム型があげられる**

- **プロジェクトチーム**
  - ➡組織横断的に集められたメンバーからなるプロジェクトチームを編成し、既存組織では対応できない問題に対応
  - ➡設立目的を明確に！
  - ➡プロジェクトメンバーの選択が重要
  - ➡日産自動車がゴーン体制で適用したクロスファンクショナルチームもプロジェクトチームの一種

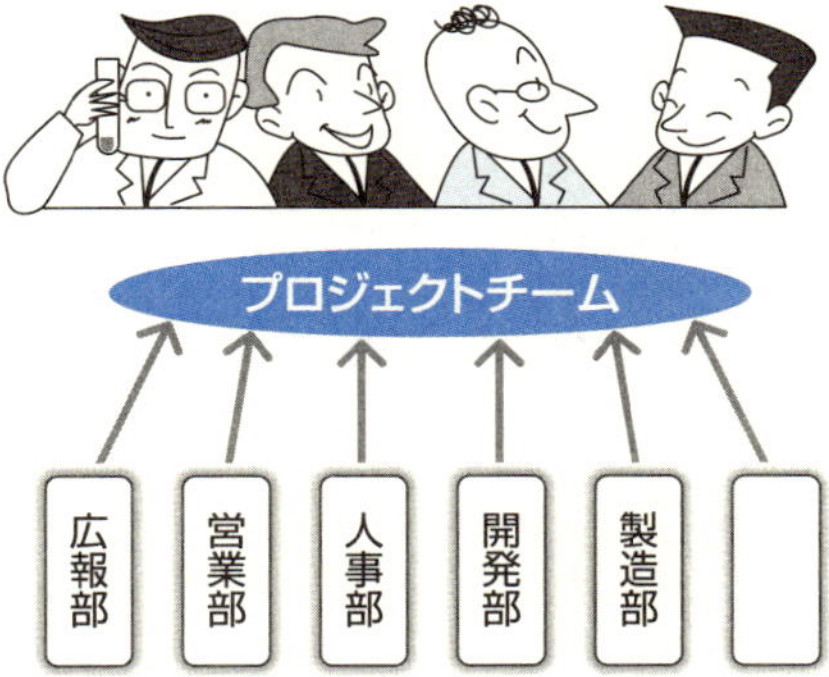

●各部門からメンバーを選抜

20

強い組織には、強い組織文化がある

組織文化の形成は社訓などの公式要素＋トップの言動や象徴的ストーリーなどの非公式要素が必要

❖強い組織文化で攻め、守る

強い組織には強い組織文化が必要です。攻めるにしても勢いがつきますし、危機にさいして守るにしても、強い組織文化があることでいざという時の踏ん張りもききます。組織文化は戦略をつくると同時に考えておく必要があるかもしれません。

❖公式な要素からできる組織文化とは

組織文化は自然にできるものでもあり、意識的にリーダー・幹部がつくら

強い文化が形成されている会社

- 効率重視・コスト重視の文化
  ⇨ ウォルマート

- 顧客視点での満足度重視のサービス提供の文化
  ⇨ ディズニーランド

- 自発的な事業創造の文化
  ⇨ リクルート

- サービス品質重視
  ⇨ ファーマネットワーク（MRの人材派遣会社）

- 既成の常識にとらわれない組織文化は新しいビジネスの創造に貢献するが、最低限のルールを守ることを無視すると道を踏み外すこともある
  ⇨ 旧ライブドア

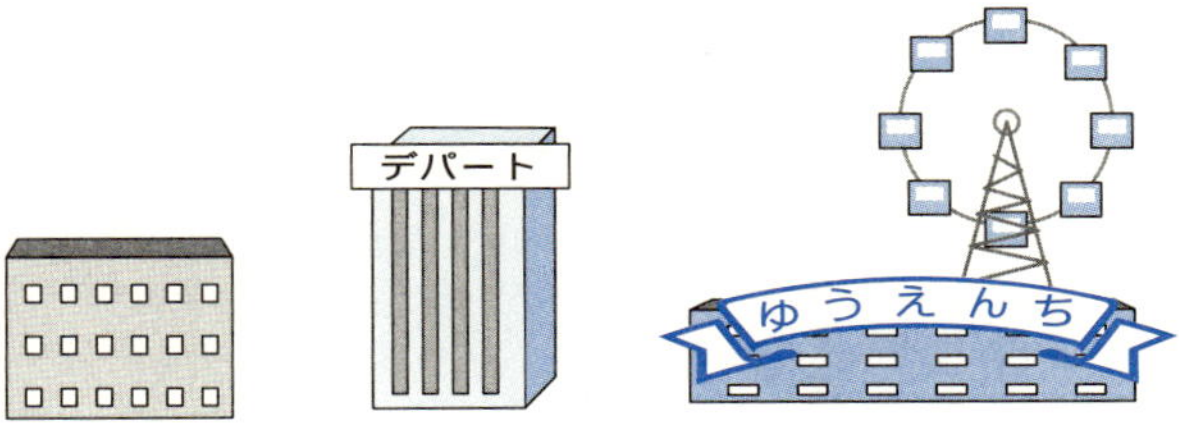

なくてはいけないものでもあります。禅問答のようですね。組織文化は公式・非公式なさまざまな要素の積み重ねで築いていくのです。

公式には、明文化されたビジョン、社是や組織構成や評価制度で組織文化の方向性を示すこともあります。

組織文化は非公式な要素も重要だが、つくるのは難しい

一方、非公式な要素として、創業者や幹部の日々の言動、成功、失敗の武勇伝などの象徴的なストーリー、どんな人が昇進していくかなどが挙げられます。トップの言葉ではなく、行動も含まれているのです。

品質志向だ、顧客第一主義だと言っていても、実際の行動が部下・社員の目から見て、そうなっていない……たとえば、顧客訪問よりも社内（トップ）の用事が優先されることが多ければ、顧客第一主義の文化は根づきません。

積極チャレンジだ！　と言っていても、チャレンジして失敗した人の処遇

が悪ければ、チャレンジ文化にはなりません。

これは小さな組織でも同様です。たとえ部下が一人だろうと、部下は上司をよく見ていますのでご注意を。

文化を体現する象徴的なストーリーを繰り返しさまざまな人が話すのも文化の形成に有効です。有名な例では、米国の高級百貨店ノードストロームの顧客重視を表現する逸話で、ある不良品のタイヤを返品しにきた顧客に店員が即座に返金したが、実はノードストロームはそもそもタイヤを売っていなかった……という話があります。あの顧客重視のノードストロームならあってもおかしくない話として、今も語り継がれているようです。

21 成果を出す社員に変えるには

日本の伝統的なコミュニケーション以外のモチベーション・インセンティブを上げる方法とは

❖組織パフォーマンスを上げるにはまずは適性のあった採用から

組織としてのパフォーマンスを上げるには、まず、その業務にふさわしい人（適性のある人）を選択し、その人のやる気を出すようにしなくてはいけません。

これは当たり前のことですが、その方法論を知らずに行なっている人が、中小企業のみでなく、大企業の幹部レベルにも散見されます。仕事のパフォーマンスを上げるか否かは、業務に必要な知識・スキル以外に、その人の適性が業務に合うか否かも影響を及ぼします。この適性を図る概念がコン

コンピテンシー(行動特性)で適性を測る

コンピテンシー ＝ ある特定の職務で高い成果を上げる行動特性である

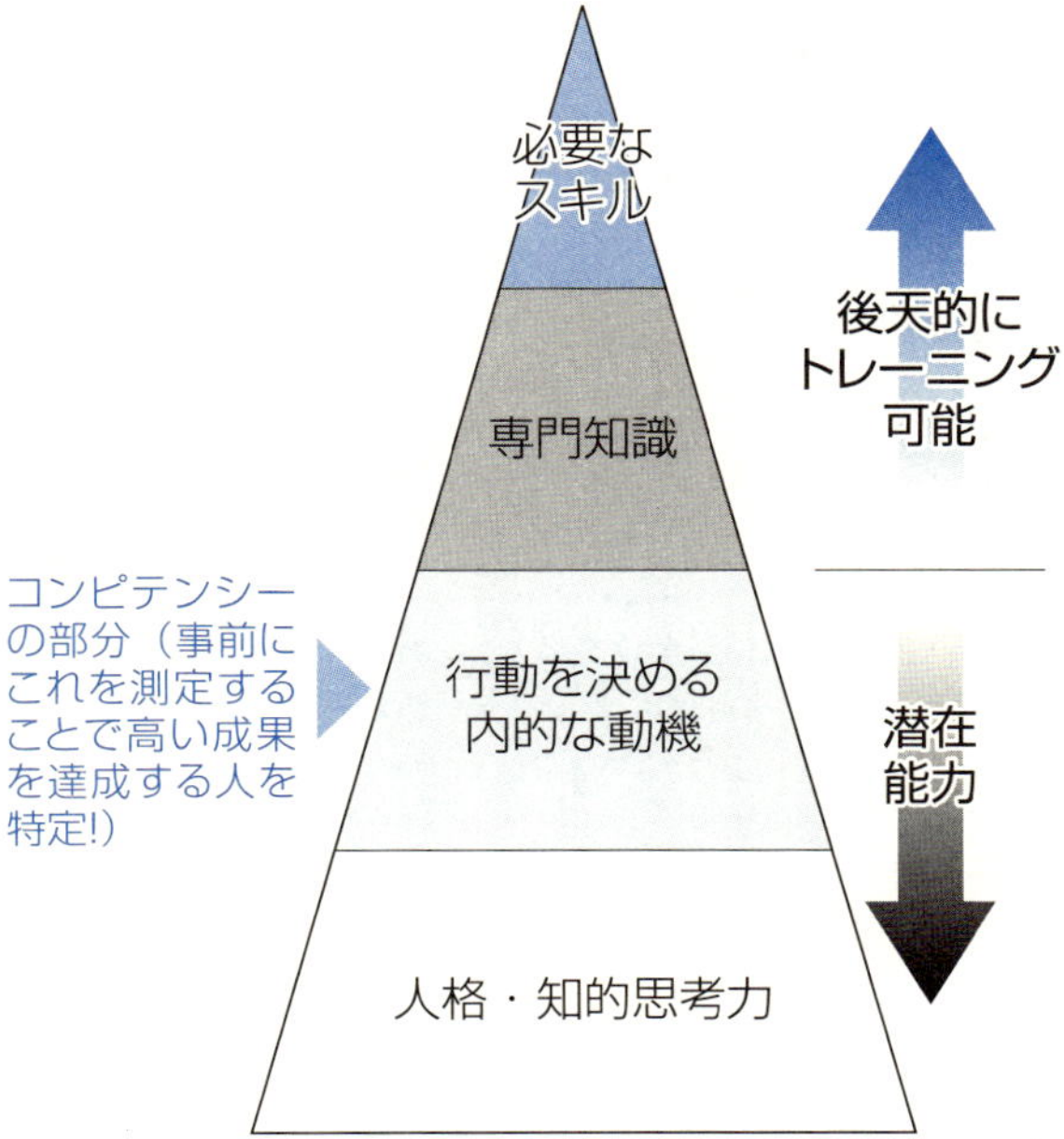

[仕事に求められる主要な要素]

ピテンシー（内的動機付け）と言われるものです。

詳しい理論をここで紹介する紙幅はありませんが、このコンピテンシーという適性がある程度、定量的に測ることができるということ、目的に応じてその適性試験を使い分けるとよいということを覚えておいていただければよいかと思います。一般的な入社試験レベルであればＳＰＩやＳＨＬ社の適性試験でよいでしょうし、少し専門的な職種をより正確に測りたいのであれば、キャリパー社のコンピテンシー試験が有名です。

ファーマネットワークというヘルスケアのベンチャー企業は、製薬業界の営業に特化したコンピテンシーテストをキャリパー社と共同開発することで、人材採用の確度が飛躍的に高まり、トップ営業マンを採用できたといいます。

❖やる気を出す要素は仕事の達成感・報酬・周囲の評価の三つ

次はいかにやる気を出させるかですが、ある人事コンサルティング会社の

マズローの欲求5段階説

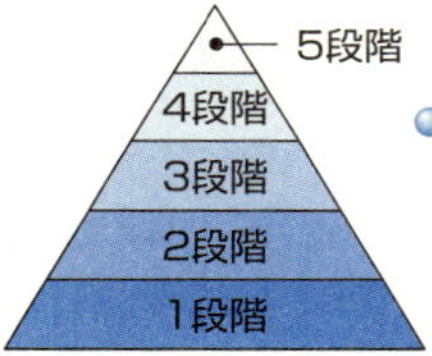

- 人には5段階の欲求があり、低次の欲求が満たされるとより高次の欲求でなければ動機付けにならない。

高次

5段階 自己実現欲求	自己の可能性を最大に追求したい欲求
4段階 尊厳的欲求	他人から承認されたい、責任をもちたい欲求
3段階 社会的欲求	集団に属し、良好な人間関係を得ようとする欲求
2段階 安全欲求	安全を得ようとする欲求
1段階 生理的欲求	食べる眠るなどの動物の基本的欲求

低次

日本企業へのアンケートでは、社員のやる気の源泉ナンバー1は仕事の達成感、ナンバー2は報酬、ナンバー3は周囲の評価、だったとのことです。

確かに仕事のモチベーションの3要素といわれる、自己実現（自分が成長している感覚）、金銭的要素、社会的要素（集団の中で認められること）とも一致しており、これらの3要素のバランスを、環境・戦略に合わせて調整することの必要性がうかがえます。

金銭的要素は、細かく分けると、給与のほかにも、福利厚生（健康保険・保養所など）や、さらにはストックオプションや利益配分システムなどの仕組みも出てきており、成長志向企業の場合にはストックオプションや利益配分システムの割合を増やすなどの工夫がされてきています。

22 リーダー次第で会社は変わる！

リーダーに必要なもの、リーダーシップの類型を知って自分の位置づけを考えよう

❖リーダーに必要な三つのもの

リーダーとは、組織を一定の目的に向かって率いていく人で、ある目的に向かって人々の行動を引き出す能力が必要とされます。ドリームインキュベータの堀紘一会長によれば、真のリーダーに必要なのは、①夢を考え出す力、②夢へのアプローチを指し示す力、③意思決定力の三つです。これは大きなリーダーシップのゴールとして認識していただければよいかと思います。

リーダーのいない組織はその潜在力を最大化させられません。逆に言えばリーダー次第で、同じ組織が見違えるように激変することもあるのです。

❖リーダーシップの四つの類型とは（SL理論）

一方、組織の状況・環境により最適なリーダーシップのスタイルは変わってきます。

ここでは仕事志向と人間志向それぞれの強弱でマトリクスをつくり、部下の成熟度によってリーダーシップにおける仕事志向と人間志向のウエイトが変わるSL理論を図で紹介します。みなさんもこのリーダーシップスタイルの類型を覚えておいて、自分の組織内の位置づけ方を考えてみてください。

❖会社を変える変革型のリーダーが求められている

現在、最も求められているのは変革型のリーダーです。

「熱い湯の入った鍋に蛙をいれると蛙は驚いて飛び出しますが、水の入った鍋に最初から蛙を入れて徐々に熱すると、段々と上がる水温に気がつかずに蛙はゆであがってしまう」と言います。

こうした「ゆで蛙現象」に陥って危機に適切に対処できず、危機に陥った

リーダーシップのSL理論

- 部下の成熟度により、リーダーの仕事志向と人間志向を調整

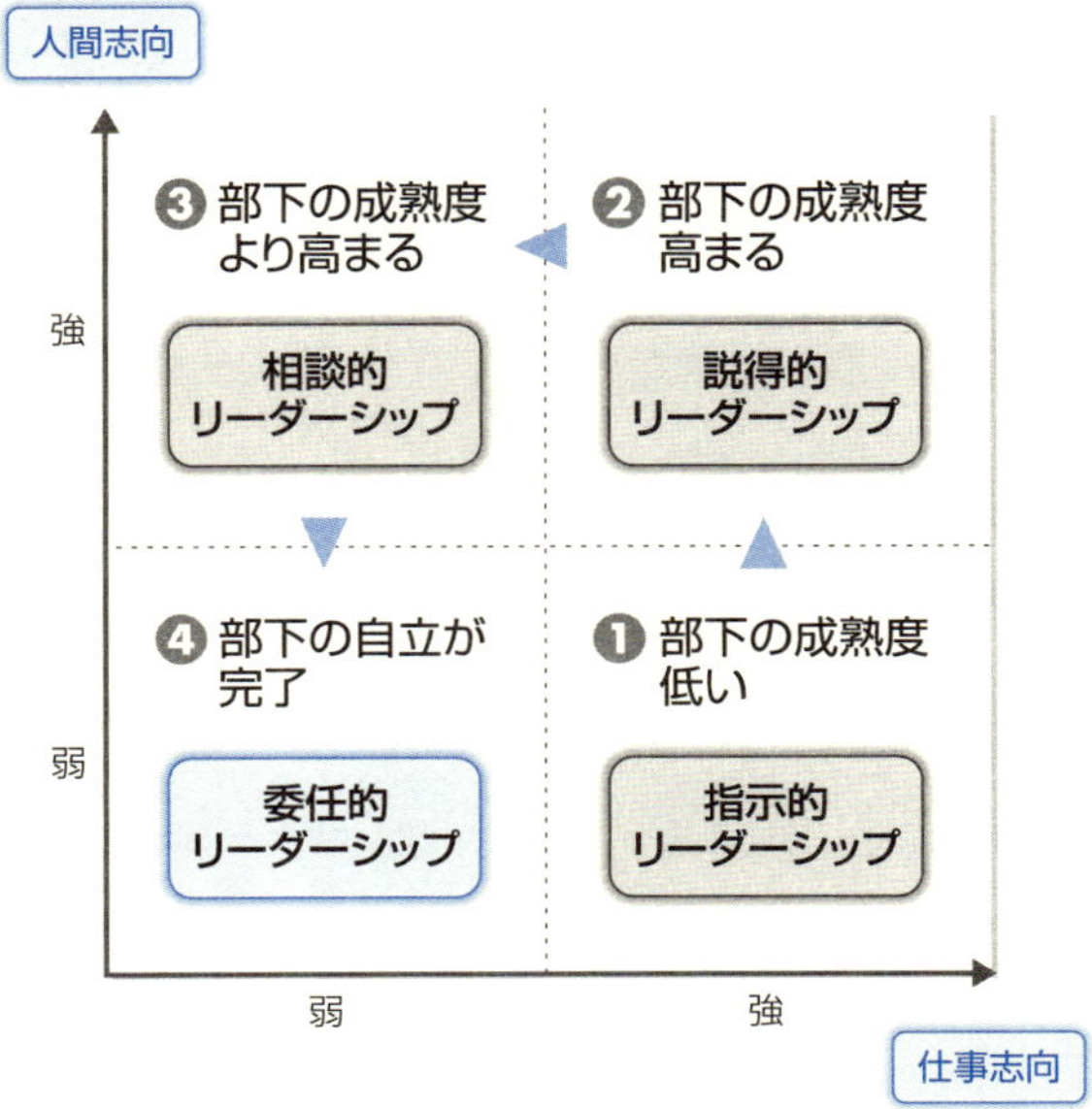

企業は近年、枚挙にいとまがありません。こうした危機に際し、触媒として変革を推し進めるのが変革型のリーダーです。危機をいち早く察して、警告を発し、新しいビジョンを提示し、みなの共感を得て実行に移す能力が求められているのです。

こうした変革型のリーダーは、意外に組織の本流以外から生まれてくることが多いようです。もし、あなたが会社の傍流にいて実力を発揮できていないと思っているならば、変革型リーダーの候補生かもしれません。

GEが求めるリーダーの条件

- リーダーとしての明確なビジョンをもつ
- 情熱をもち、結果を出す
- 部下をリーダーとして育成する
- 常に変革する
- スピードをもって業務に取り組む
- チームワークを大事にする
- 企業倫理を遵守する
- 高い品質を追求する

Leader

世界的な優良企業であるゼネラル・エレクトリック社（GE）は、リーダー育成プログラムの中でGEが求めるリーダーの条件を明確に定義しており、それは日常の仕事において望まれるマネジメント・スタイルから導かれている。

COLUMN ③

MBAの人気選択科目
ベンチャー・マネジメント　後編

大量の資金が必要だったり、急速な立ち上げを望むベンチャー企業はベンチャー・キャピタルからの出資をあおぐケースが多いです。ベンチャー・キャピタルが出資する際の基準は一般に、

①将来的に大きな市場（数百億から千億円）が見込めるか
②差別化された優位性が構築できるか
③そのビジネスを成功させられる経営陣か（経験・熱意があるか）
④収益性が十分に見込めるか

などが挙げられます。あなたがベンチャー・キャピタルに事業計画をプレゼンする際には、上記の４点は必ず明確にアピールすべきでしょう。ただし、かならずしもIPO を目指すベンチャーばかりがすべてではありません。是非これを実現したいというものがあれば、小規模で事業を起こしてチャレンジするのもよいのではないでしょうか。

個人事務所的に独立したり、数人程度の専門家チームで質のよい仕事を丁寧にしながら充実した独立事業を営む例もあります。大手企業にいたほうがよいのか、独立したほうがよいのかは 20 年程度のスパンで将来予測をして、お金とココロのリスクとリターンを比較しましょう。

第4章

儲かる会社にする「財務」と「会計」

【財務・会計】

23

「財務と会計」はビジネスの攻めのツールだ

「財務と会計」がわからない人には収益責任を負ったビジネスは任せられない

❖「財務と会計」の知識なしに、ビジネスはできず

「財務と会計」を知らずにビジネスをするのは、交通ルールを知らずに車を運転するようなもの。

２０００年前後の財務・会計関連のビジネス書は財務と会計の知識があると得ですよ……と財務・会計の門外漢に説くことから始まっていましたが、２０１０年以降は日本でも、財務・会計を知らずにビジネスはできないことが明確な時代になってきました。

２００５年初頭にあったライブドアとニッポン放送のM&A騒動は、上場

財務と会計の定義と役割

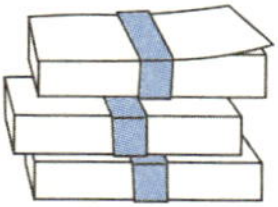

会計		財務
財務会計	管理会計	
●企業の外部向けに貸借対照表や、損益計算書のような企業業績を示すデータを開示するため定められたルールに従って作成	●企業内の意思決定や、コントロールのために企業内のデータを活用すること	●経営目標の実現のために、事業活動の背後にある、資金（キャッシュフロー）を管理すること
●過去と現在を扱う		●将来も視野に入れる

▶過去・現在・将来を見すえてビジネスをするためには財務と会計が必要

企業の社長たちが意外にファイナンスのルール・常識に疎く、その意識の低さと知識の欠如が会社の存亡すら招きかねないことと同時に、財務・会計をうまく使えば自社の成長を加速化させる強力なツールとなることも教えてくれたのではないでしょうか。

「財務と会計」がわかれば、ビジネスで優位に立てる

日々のビジネスで考えてみましょう。あなたが営業マンであれば、会計の知識があれば新規取引先の財務状況から信用度合いを把握し、危険な取引を未然に防げたり、競合の気がつかないチャンスをとりにいくこともできるでしょう。

技術や開発部門の人でも財務・会計の知識があれば新技術の事業計画を自前で策定し、周囲の協力を得ることも可能でしょう。

部門の長として収益責任を負う場合には、会計の知識があれば自部門への費用の割り振りが適切にされているかを判断することもできるでしょう。

財務３表の関係

B/S、P/L、C/Fは以下のように密接な相互関係にある

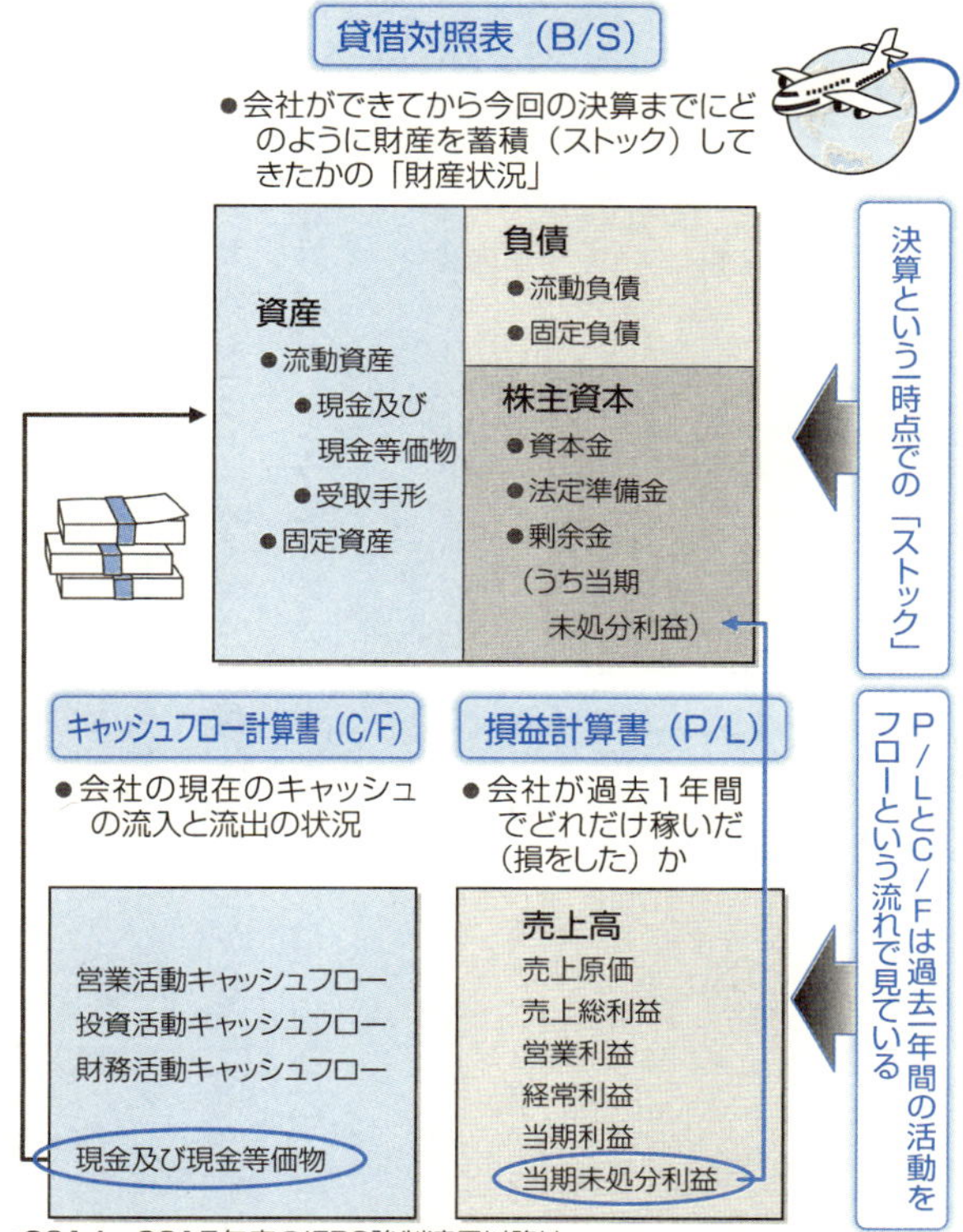

*2014～2015年度のIFRS強制適用以降は、
損益計算書は包括利益計算書に変更となります。

もしあなたが独立し、小なりとも会社を経営する立場、プロジェクトを丸ごと任される立場、もしくは企業投資をする立場になったならば、資金繰りを知らずに生きてはいけません。

必要資金を融資、エクイティ（株式）のどちらからどのように調達すればよいのか、その採算性はどのようになるのかを知らずには、事業拡大もできないのです。

黒字倒産という言葉を耳にしたことがあるでしょうか？　営業自体は順調で売上は上がっているのですが、資金の入りと出の差を調整できずに資金がショートしてしまい倒産にいたるという、悔やんでも悔やみきれない失敗です。

そんな失敗をするか、適切な事業拡大を手にするかは「財務と会計」をあなたの味方につけるか否かにかかっているのです。

まずは財務3表の関係を図で確認してみてください。

24 1年でいくら稼いで、いくら損をしたのかを知ろう

損益計算書（P／L…プロフィット・アンド・ロス）は一定期間の企業の成績表である

❖1年・6カ月・3カ月（四半期）・月次で損益計算書はつくられる

損益計算書（P／L…プロフィット・アンド・ロス）は、一定期間の企業活動の結果として、いくら稼いだか、損をしたかを表します。期間は通常1年単位で、その開始月（または決算期）は任意で決められます。

実際は国の税金計算のタイミングに合わせて3月決算にしている会社が多いです。会計は継続性を重視するので、決算期を変えることは少なく、突然決算期を変更している決算書を見るときは、その理由も含めて注意が必要です。

1年単位での決算が基本ですが、上場企業は中間期決算といって6カ月ごとの結果と予想を出します。海外では四半期ごとに決算を確認していますが、日本でも内部的には四半期および毎月の数字の予測をたててその進捗をおうのが基本です。

❖損益計算書で予算と実績の管理をしよう

この予算と実績の差をおうことを予実管理といい、もしギャップがでてきたら、早め早めに対応策を打つようにしましょう。当然、この予実管理は資金繰り（キャッシュフロー）でも行ないます。損益計算書では、ある一定のルールに基づいて売上、費用を認識しますので、損益計算書を月次で作成したときの売上と、実際の現金が入ってくるタイミング（キャッシュフロー）には時差がある場合が多いのです。

実際の費用が先に出て、実際の現金が入ってくるのが遅れると、損益計算書上では黒字になっていても実際の現金が不足する事態が起きるのです。

損益計算書(P/L)の構造

売上高
●製品販売およびサービス提供の代金。企業の規模を表わす。

売上総利益
●売上から変動費である売上原価を引いた利益。

営業利益
●本業の事業活動で得た儲けを示す。本業がうまく回っているかを見るのに使う。

営業外収益
●本業以外のサイドビジネス、金融取引による収入を示す。

経常利益
●本業と本業以外の収益／損益を合わせた会社の利益を示す。その会社の総合力を見ることができる。

特別利益
●土地売却のような臨時の収益。前期決算の修正等、時間を超えた収入も反映される。

税引前当期利益
●税金を引く前の利益。

(単位：百万円)

科目	当連結会計年度 自：平成×年4月1日 至：平成×+1年3月31日	
I 売上高		531,908
II 売上原価		356,324
売上総利益		175,584
III 販売費および一般管理費		135,769
営業利益		39,815
IV 営業外収益		
1. 受取利息	716	
2. 受取配当金	391	
3. 持分法による投資利益	324	
4. 収入ロイヤルティー	1,427	
5. 空調金普及奨励金	1,017	
6. その他	1,443	5,318
V 営業外費用		
1. 支払利息	5,215	
2. 持分法による投資損失		
3. 為替差損	260	
4. その他	2,136	7,611
経常利益		37,522
VI 特別利益		
1. 土地売却益	14	
2. 投資有価証券売却益	5	
3. 関係会社出資売却益		
4. 退職給与引当金繰戻額		19
VII 特別損失		
1. 土地売却損	22	
2. 固定資産廃棄損	874	
3. 投資有価証券評価損	436	
4. 関係会社整理損	247	
5. その他投資評価損	727	2,306
税金など調整前当期利益		35,235
法人税・住民税及び	17,537	
法人税など調整額	(3,216)	14,321
少数株主利益		974
当期純利益		19,940

当期純利益
●税引前当期利益から税金を引いた、その年の最終的な儲け。

売上原価
●会社の主目的にしている営業活動による売上高を得るためについやした費用。
●製造業の場合、在庫の管理がキーポイントになる。

販売費および一般管理費
●生産活動以外の営業活動で生じる費用全般。
●販売費は営業活動をするために必要な費用で、広告宣伝費、販売促進費、荷作費、交際費など。
●一般管理費は、会社全般の業務を管理するのにかかる費用で、租税公課、水道光熱費、減価償却費、求人費など。
●固定的な費用が多いので、定期的に膨らまないようにチェックが必要。

営業外費用
●付随事業の損失や金融取引の費用。

特別損失
●災害損失、子会社整理損、固定資産売却損、有価証券売却損など。

*2014～2015年度のIFRS強制適用以降は、損益計算書は包括利益計算書に変更となります。

ちなみに損益計算書の利益と実際の資金繰りのギャップは、入出金の時差のほかに、棚卸資産や、減価償却も原因となります。棚卸資産は本書では詳しく述べませんが、減価償却は一つ10万円以上の資産を買った場合に、その全額が費用にはならず、数年、数十年かけて減価償却費として費用になるという考え方です。

誰が見てもわかるように決算書は共通のルールでつくられています。ゆえに一度ルールを覚えると、どんな決算書でも同じように理解できるようになるのです。

損益計算書に強くなるには

数をたくさん見ること

●新聞・四季報・金融関連ホームページで気になる会社の決算書を毎日チェックしてみましょう。

基準となる数字をいくつか頭に入れておく

【例】

●売上高営業利益率（%）

全産業	建設業	製造業	卸・小売業	不動産業
3%前後	1～2%	4%前後	1.5%前後	8%前後

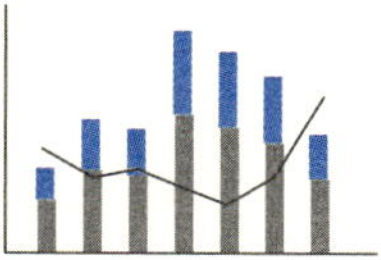

▶ web上で無料で自社の財務データを入力すると財務状況と経営危険度を把握できる「経営自己診断システム」を独立行政法人中小企業基盤整備機構が提供しています。以下のサイトです。http://k-sindan.smrj.go.jp

25 今、会社はどれだけの財産をもっているのか

貸借対照表には生産管理・販売管理・労務管理・財務管理の四つの成果が反映される

❖貸借対照表（B／S…バランスシート）とはある時点の財産の蓄積状況

結婚相手を選ぶときに、年収（損益計算書）を気にするのと同時に、現時点での相手の財産はどのくらいか、その財産は自分の稼ぎでつくったのか、借金でつくったのかなどを知りたいのではないでしょうか？

ある一時点での企業の財産の蓄積状況を表わすのが貸借対照表（B／S…バランス・シート）です。

貸借対照表を見ると、使っていたお金のどの程度が借入金（返さなくてはいけないお金）なのかがわかり、ひいては財産（資産）から、借金（負債）

貸借対照表(B/S)とは

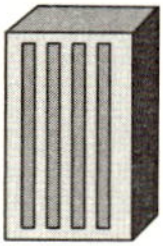

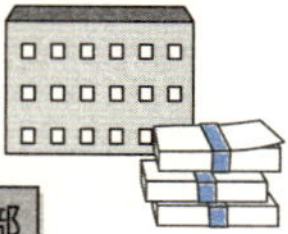

資産の部	負債及び資本の部
	負債の部
I. 流動資産	I. 流動負債
1. 現金・預金	1.支払手形
2. 受取手形	2.買掛金
3. 売掛金	3.短期借入金
4. 棚卸資産	4.未払金
	⋮
II. 固定資産	II. 固定負債
(1)有形固定資産	1.社債
1. 建物	2.長期借入金
2. 機械	⋮
3. 車両	
4. 土地	
(2)無形固定資産	資本の部
	I. 資本金
(3)投資	II. 法定準備金
	III. 剰余金
資産合計	負債及び資本合計

1年以内に現金になる資産 → I. 流動資産

1年を超えて使用される資産 → II. 固定資産

＊並べ方は簡単に現金化できるものから上に並ぶ

返済期限が1年以内の負債 → I. 流動負債

●営業取引上の支払手形・買掛金は1年超でも流動負債

返済期限が1年以上の負債 → II. 固定負債

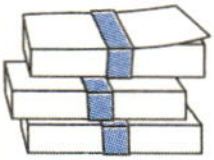

会社を設立してから蓄積してきた儲け → III. 剰余金

右と左は同じ数になる
資産＝負債＋資本

を引いた正味財産（資本）がマイナスになっている債務超過状態なのか……などがわかってきます。つまり会社の安定性・健全性が把握しやすくなります。

❖貸借対照表の構造を知ろう

貸借対照表は企業の資金調達の仕方を示す負債と資本の部（右側に書かれます）と、その資金の運用形態を示す資産の部（左側に書かれます）の二つから構成されます。負債と資本の合計（右側）と資産（左側）は同じになり（バランス）ます。ゆえに貸借対照表はバランス・シートとも呼ばれるのです。

資産の部……資金がどのように使われているかを示す資産の部は　流動資産・固定資産・繰延資産に区別されます。1年以内に現金化できる資産が流動資産、それ以外の資産が固定資産です。繰延資産は本来は費用となるもの

貸借対照表(B/S)の構成

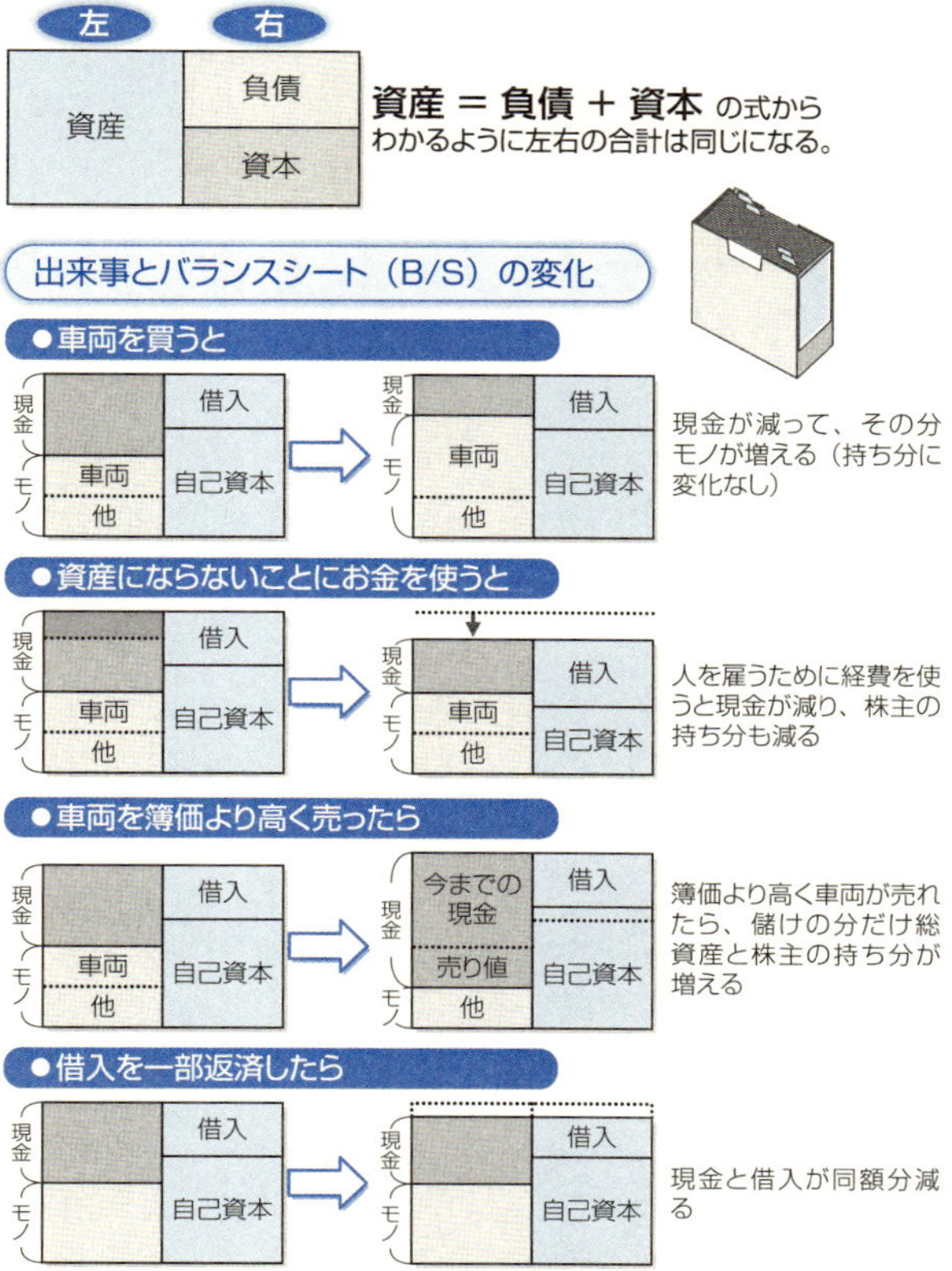
左
右
資産
負債
資本
資産 = 負債 + 資本 の式から
わかるように左右の合計は同じになる。
出来事とバランスシート（B/S）の変化
●車両を買うと
現金
モノ
車両
他
借入
自己資本
現金が減って、その分モノが増える（持ち分に変化なし）
●資産にならないことにお金を使うと
人を雇うために経費を使うと現金が減り、株主の持ち分も減る
●車両を簿価より高く売ったら
今までの現金
売り値
簿価より高く車両が売れたら、儲けの分だけ総資産と株主の持ち分が増える
●借入を一部返済したら
現金と借入が同額分減る

出典：『ビジネスゲームで学ぶMBAの経営』相葉宏二／日本経済新聞社

ですが、その効果が2年以上の長期にわたるため、便宜上資産に計上しているのです。

負債の部……企業が必要とする資金のうち外部から調達されたもの（借入など）が負債で、流動負債・固定負債・引当金に分類されます。負債も1年以内に返済が必要なものを流動負債、それ以外を固定負債と区分けしています。

資本の部……株式発行によって調達された資金と、企業活動によって獲得された利益の合計が資本です。資本金・法定準備金・剰余金に分かれます。以前は負債を他人資本、資本を自己資本と呼んでいましたが、株式会社の資本は株主のものであるという意識から最近は株主資本と呼ぶことも増えています。

26 現金の流れは、会社の血液の流れ

キャッシュフローは会社が生きていくのに必要な「現金」の流れ

❖キャッシュ（現金）がなければ企業は生きていけない

キャッシュが不足すると、企業は外部に材料費・商品代も払えなければ、手形も落とせず、人件費、家賃も払えなくなり存続ができなくなります。手形の金額よりも預金残高が低いと不渡りになります。これが2回続くと銀行取引停止となり、これを通常、「倒産」と呼びます。

ゆえにキャッシュは企業の血液とも呼ばれます。その血液の流れをおさえるのがキャッシュフロー表です。

損益計算書のページでも述べましたが、損益計算書の利益と実際のキャッ

シュはかならずしも一致しません。ゆえにキャッシュフローを別にチェックする必要があるのです。

❖キャッシュフローは営業・投資・財務の三種類に分かれる

①**営業キャッシュフロー**……本業の営業・サービス取引などによるキャッシュフローで、企業存続の基盤です。よい会社はこれがプラスであることが求められます。

営業キャッシュフローを計算するには直接法と間接法があり、直接法は商品の販売代金の受け取り、利息配当金の受け取りなどの入金総額から、原材料費の支払いなどの出金総額を引いて計算します。間接法（１４５ページ図を参照）の方が簡便なので一般的にはよく使われているようです。

②**投資キャッシュフロー**……有価証券の取得・売却や、固定資産の取得・売却、資金の貸付・回収によるキャッシュフローです。

キャッシュフロー計算書は3つに分かれる

❶ 営業キャッシュフロー

- 本業の営業活動による

❷ 投資キャッシュフロー

- 投資活動による

❸ 財務キャッシュフロー

- 財務活動（借入・増資等）による

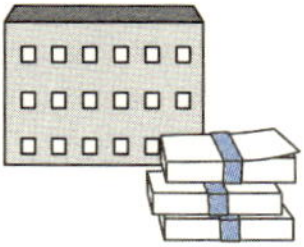

1. 営業キャッシュフローと、2. 投資キャッシュフローを合算したものがフリーキャッシュフロー

⇨ **企業が自由に使えるキャッシュ**

③**財務キャッシュフロー……**（短期・長期）借入および返済によるキャッシュフローです。キャッシュフローの改善で最も即効性があるのは、取引条件の改善です。事業再生などでは、支払い・入金条件の改善を最初に行なうことが多いのです。みなさんの会社でも、取引条件の改善で随分と資金繰りが楽になるケースがあるのではないでしょうか。

全体のキャッシュフローから財務キャッシュフローを引いたものは、フリーキャッシュフローとも呼ばれます。これは純粋な意味で事業から生み出された資金ですので、投資判断や企業価値の査定を行なう場合には、このフリーキャッシュフローを使用するのが一般的です。

間接法での営業キャッシュフローの考え方

間接法での営業キャッシュフロー

＝純利益 ＋ 損益計算書の非キャッシュ項目 ＋ 貸借対照表の残高調整

- 損益計算書の非キャッシュ項目
  - 減価償却費などの実際には現金の出入りを伴わない項目
- 貸借対照表の残高調整
  - 売上債権・棚卸資産、買入債務の増減による調整

例）

経常利益：	40
・法人税支払：	−10
・役員賞与支払：	−5
・減価償却費：	8
・売上債権増加：	−3
・買入債務増加：	4
営業キャッシュフロー：	34

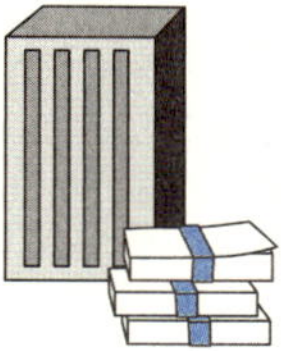

- 営業キャッシュフローは、事業から生み出された資金なので、企業価値を判断する際に使いやすい

▶キャッシュフローに関して更に学びたい方は、
『キャッシュフロー計算書が面白いほどわかる本［基本編］』天野隆／中経出版をご参照

27 会社の健康状態を知るには

「財務比率分析」は総合力・収益性・安定性・効率性を見る

❖財務比率分析の項目と計算方法

ここまでで、財務諸表の構造がある程度わかったでしょうか。実際に、会社の財務状態の良し悪しを判断するには、売上の伸びだけではなく、財務比率分析が有効です。その際、目安となる数字も覚えておくとよいでしょう。財務比率分析はその目的により次の四つに大きく分類されます。計算方法は図を参照してください。

総合力分析…企業の投入した資金がどの程度利益に結びついているかを測

重要な指標

総合力分析

ROA（総資産利益率）	ROA＝利益*÷総資産
ROE（自己資本利益率）	ROE＝当期利益（税引後利益）÷自己資本

収益性分析

売上高総利益率	売上高総利益率＝売上総利益÷売上高
売上高営業利益率	売上高営業利益率＝営業利益÷売上高
売上高経常利益率	売上高経常利益率＝経常利益÷売上高
売上高当期利益率	売上高当期利益率＝当期利益÷売上高

効率性分析

総資産回転率（回転期間）	総資産回転率＝売上高÷総資産 総資産回転期間＝総資産÷（売上高÷365）
売上債権回転率（回転期間）	売上債権回転率＝売上高÷売上債権 売上債権回転期間＝売上債権÷（売上高÷365）
在庫回転率（回転期間）	在庫回転率＝売上原価÷棚卸資産 在庫回転期間＝棚卸資産÷（売上原価÷365）
仕入債務回転率（回転期間）	仕入債務回転率＝売上原価÷仕入債務 仕入債務回転期間＝仕入債務÷（売上原価÷365）

安全性分析

自己資本比率	自己資本比率＝資本÷（負債＋資本）
流動比率	流動比率＝流動資産÷流動負債
当座比率	当座比率＝当座資産÷流動負債（当座資産には現金預金、受取手形、売掛金、有価証券などが含まれる）
固定比率	固定比率＝固定資産÷自己資本
固定長期適合率	固定長期適合率＝固定資産÷（固定負債＋自己資本）
手元流動性	手元流動性＝現金預金＋短期所有の有価証券 手元流動性＝（現金預金＋短期有価証券）÷（売上高÷365）
インタレスト・カバレッジ・レシオ	インタレスト・カバレッジ・レシオ ＝（営業利益＋金融収益）÷支払利息

*利益は営業利益、経常利益、当期純利益等が使われます。

比率は目やすと覚えておくとよいです。たとえば

- 流動比率は200％以上が望ましい
- 当座比率は100％以上が望ましい
- 固定長期適合率なら100％以下
- 自己資本比率は30％前後

出典：『［新版］MBAアカウンティング』グロービス・マネジメント・インスティテュート／ダイヤモンド社

る、最も基本的な分析です。資本に対する利益率を見ます。総資産利益率（ROA）などは、特に標準となる数字はないので、同業他社等との比較、自社の過去との比較で考えるとよいでしょう。

収益性分析…企業がどれだけ利益を生み出す力があるかを測ります。売上高に対する利益率を見ます。これも同業他社などとの比較、自社の過去との比較で考えることが多いですが、売上高営業利益率や売上高経常利益率で5％以上はほしいでしょう。

効率性分析…同じ売上を上げるために、投入あるいは拘束されている資金をどれだけ減らすことができているかを分析することで、資金的な効率性を測ります。

安全性分析…負債（借入金）や資本の構成が安定しているかを分析するこ

損益分岐点を知っておこう

損益分岐点＝最終的な利益がプラスマイナスゼロになる売上。
つまり、それ以上売れれば黒字となり、儲けが出始める売上点のこと

$$\text{損益分岐点売上高} = \frac{\text{固定費}}{\left(1 - \dfrac{\text{変動費}}{\text{売上高}}\right)} = \frac{\text{固定費}}{\text{限界利益率}}$$

〈損益分岐点のイメージ〉

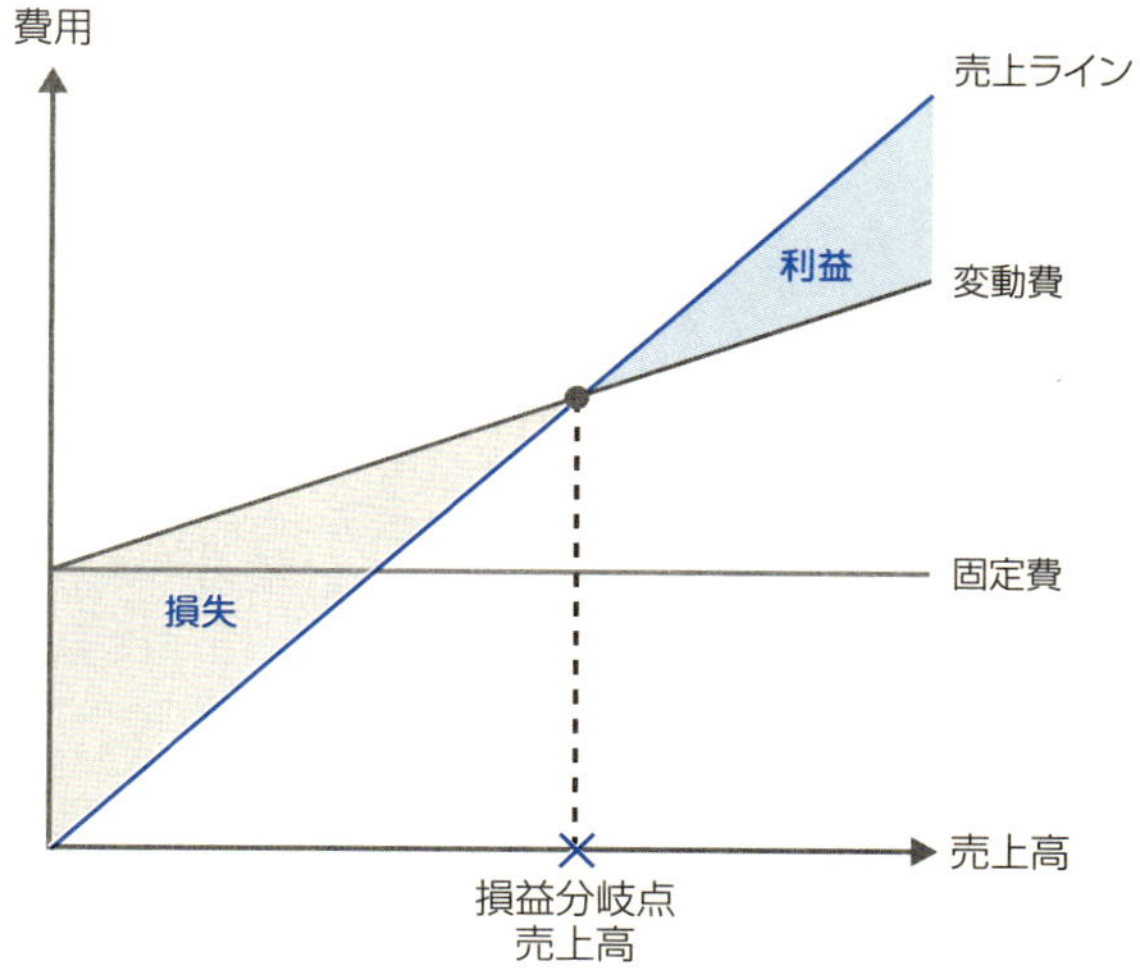

とで、資金的な安全性・余裕度を測ります。流動比率は２００％以上がのぞましいですし、当座比率も１００％以上はほしいでしょう。

❖損益分岐点分析で利益の出せる売上高を知ろう

財務比率分析以外にどうしても覚えておいていただきたいのが損益分岐点分析です。損益分岐点とは損益がゼロになる売上、つまりそこから先は利益が出る売上はいくらかを表わします。

新事業を開始するときなど、利益を出すためには最低いくら売らなくてはいけないのかはおさえておきたいですね。

28 財務ではお金の調達の仕方と、使い方のバランスが大事

財務（ファイナンス）は、企業の経営目標にそって資金の調達・運用を行なう資金管理

❖会計は過去と現在、財務は未来を見据えて行なう

この章の最初でも触れましたが、会計と財務の区分けを確認しておきます。

会計とは、企業の日々の事業活動を一定の規則に従って記録・報告することで、過去と現在に主軸をおいています。

一方、財務は、企業の経営目標にそって、どのように資金を調達し、運用するかの方法を考え、未来を見据えて資金の流れを管理する業務です。

財務はリスクとリターンのバランスで考えてみよう

財務を考えるうえで、常に意識していただきたいのは、リスクとリターンのバランスです。金融の常識では一般にリスクとリターンはほぼ相関し、高いリターンを得たければ、リスクも高まります。スポット的にそのバランスが崩れることもあり、短期的もしくは小規模なら低いリスクで高いリターンを稼げるときもあります。

しかし、中長期的、もしくは規模の拡大を狙うと、その情報が広まり、だんだんと通常のリスクとリターンに収斂してきます。

財務は難しいと言う人が多いようですが、この案件はリスクとリターンをどうしようとしているのだろう……という視点から考えると理解しやすくなるはずです。

自分の資金運用のリスクとリターンのバランスは?

みなさんが自分のお金をどう運用するかでも、銀行預金はローリスクです

財務（ファイナンス）の定義

狭義のファイナンス

- 企業の資金調達

MBA（経営者にとって）のファイナンス

- 企業の経営目標にそって、未来を見据えて、どのように資金を調達し、運用するかを考えること

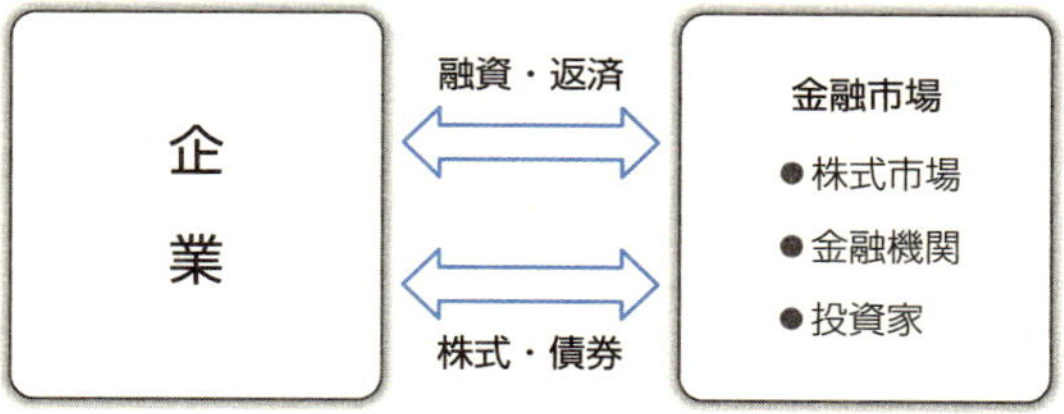

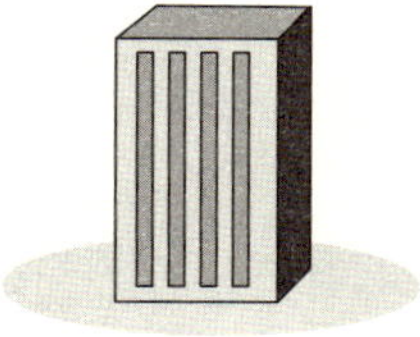

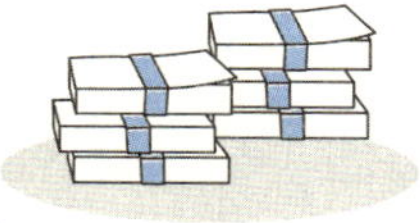

が、金利もゼロコンマ以下のローリターンです。一方、株式投資や先物のようにある程度、ハイリスク・ハイリターンの商品で運用する場合もありますね。以前は一部の人しかしていなかったＲＥＩＴ（不動産投信）も一時は比較的ローリスク・ハイリターンの傾向がありましたが、参加する人が多くなるにつれ、以前ほどはおいしくなくなってきました。

自分のお金の調達も、自分で働いたお金以外に、借金という手があります。その借金も、銀行借入の長期住宅ローンでも３％前後、消費者ローンは二桁以上の金利というように、調達条件は大きく変わってきます。どんな選択肢があるかを広く冷静に見極めましょう。

さまざまな投資のリスク・リターンのイメージ

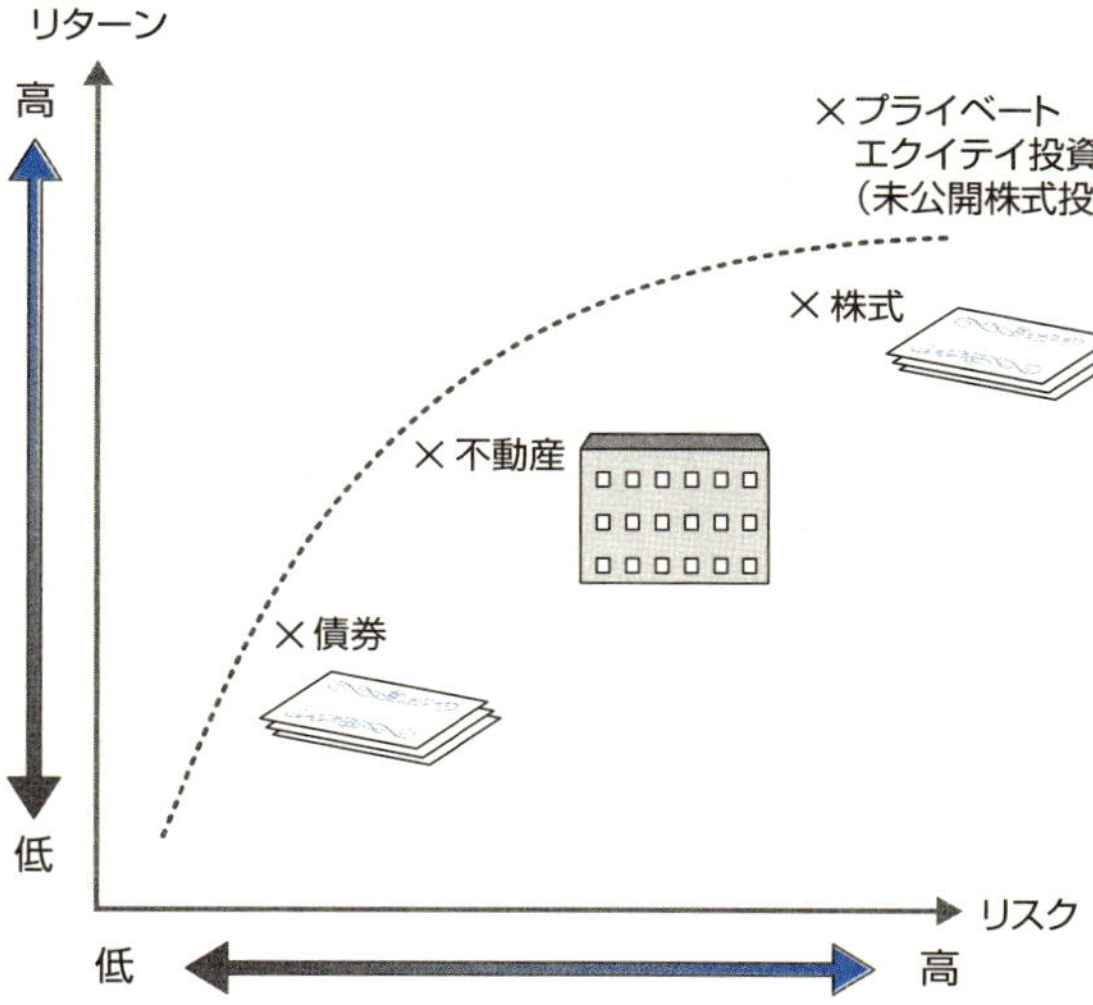

●投資形態・手法の組み合わせにより、リスク・リターンのバランスをより高めることを目指すのがアセットマネジメントのポイント

▶ローリスク（元本確保）でハイリターンというおいしい話は、そうそう転がっていません。仮にあったとしても、大規模に、長く続くことは大変難しいです。

29 さまざまな資金調達手段を知っておこう

資金調達は間接金融（銀行借入）と直接金融（資産・社債・株式）の2種類がある

❖資金調達力はどれだけ企業エンジンに燃料を注ぎこめるかに直結する

お金さえあれば必ず成功する訳ではありませんが、ビジネスではどれだけ使えるお金があるかで勝負が分かれることも事実です。

どんなに強いエンジン（ヒト・技術）をもっている企業も、そこに燃料（資金）を注ぎ込まなくてはパワーを出せません。

ゆえに、成功し続けている企業は例外なく、資金調達力があります。通常、みなさんがビジネスで使う資金調達は、間接金融と直接金融に分かれます。

間接金融とは主に銀行からの借入です。直接金融は資産の転用、社債発

間接資金調達

日本のメインバンク制

- 事業会社との長期的な取引関係を前提
- 最も多い融資シェア（20〜40%の借入比率）
- 融資のみではない総合的な取引・サポート
  —決済取引業務
  —社債引受
  —役員派遣などを含む人的関係
  —さまざまな営業支援
- 大株主である場合も多い
  →最近変化しつつある
- 企業経営困難時の危機管理
  →最近変化しつつある

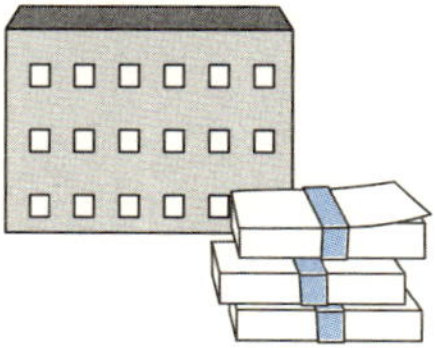

間接資金調達では正しく信用を形成しておくことが重要

行、株式の発行などです。

❖主な資金調達手段の特徴とは

各資金調達手段の特徴は以下のとおりです。

銀行借入…返済が必要。立ち上げ初期の企業は銀行借入ができないケースも多い。日本では非上場・上場ともにメインバンク制により長期的な取引関係をベースに総合的な関係を築いてきたので、銀行は借入金のみの関係ではなかった。

資産担保証券…資産自体（不動産など）の信用力があれば、自社の信用が低くても資金調達可能。オフバランス（資産圧縮）効果があり、ＲＯＡ（総資産利益率）を高くできる。

直接資金調達

株式市場に公開している企業

- 新株発行などにより資金調達が可能
- 企業価値が高い（株価が高い）ほど、多くの資金を効率的に調達可能

株式市場に公開していない企業

- 多くの中・小企業
  一部の大企業
- 興味をもってくれる他の事業会社またはベンチャー・キャピタルもしくはエンジェルからの出資による資金調達
- ベンチャー・キャピタルは有望な未公開企業に投資をするビジネス

主な日本のベンチャー・キャピタル

- JAFCO
- 大和企業投資
- ソフトバンク・インベストメント
- ドリーム・インキュベータ
- ニッセイ・キャピタル
- グロービス・キャピタルパートナーズ
- 東京投資育成　など

※最近はバイアウトファンドを活用した公用企業と未公開企業をまたぐ直接資金調達も活発です

社債…無担保でも発行可能。満期一括償還（ある期日に全額返済）が多く、期間中の資金繰りに余裕ができる、ただし、期日の返済資金負担が大きい。

増資（株式発行）…返済義務がない。自己資本の増強により信用力が高まる。個人・機関投資家を含め株主数が増加するので企業ガバナンス上、対応すべき相手が増える。

❖資金調達手段の使い分け

まずは必要資金のタイプを考えます。必要な資金の規模、その資金が必要な期間、用途などです。次には、その金融機関と資金以外にどのような関係をもちたいかを考えます。ベンチャー・キャピタルから支援を得たいのか、メインバンクをつくりたいのかなど目的もさまざまです。常に早めに資金調達計画を立てて、プロに相談して長期的に考えましょう。

30 お金の価値は、時間とともに変化する

時間的価値という考え方で、現在価値や将来価値を考えてみる

❖今日の1億円と来年の1億円のどっちが得か考えてみよう

財務では今日の1億円と、1年後の1億円の価値は違います（実生活でもそうなのですよ）。今、手元にある1億円を仮に金利が5％として運用すると1年後には（ほぼ確実に）1億5００万円になります。これを財務では〝今日の1億円〟と〝1年後にもらえる1億5００万円〟が同等の価値があると考えるのです。

逆にいえば、来年の1億円は今日の1億円ほどの価値がないともいえます。来年の1億円を現在価値（PV…プレゼント・バリュー）に直すと95

00万円強の価値にしかならないのです。これは、今の価値×1・05＝来年の1億円の式に入れると出てきます。

将来価値と割引率とは

最初は、今の1億円が1年後にいくらになるかに金利5％を使い1億500万円と計算しましたね。この逆で将来価値（FV…フューチャー・バリュー）の1億円から現在価値を計算すると、先の例では現在価値は将来価値より下がりました。このときに現在価値を計算するときに使う利率（先の例では金利5％）を割引率といいます。

正味現在価値を求めて判断する

こうした時間的価値の考えは、みなさんがあるプロジェクトに投資をするか否かの判断に使えます。将来的におこる収益・キャッシュフローを現在価値に置き換えて計算して、本当に得かどうかを考えるのです。

現在価値と将来価値

今の1億円は1年後に…

- 今の1億円は1年後の1億500万円と同等
- 今の1億円のフューチャー・バリューは1億500万円

1年後の1億円の今の価値は…

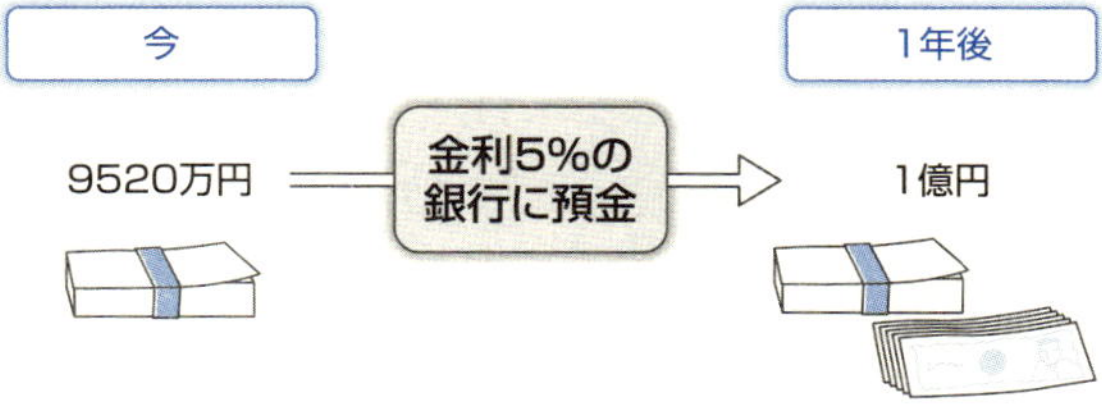

- 1年後の1億円は、今の約9500万円と同等
- 割引率は5%

故に現在の1億円と1年後の
1億円は同等ではない！

たとえば最初に400万円の投資をして、年間120万円の収入が5年間続く事業に投資をするかどうかを決めなくてはならないとしましょう。

この投資の5年後の価値はゼロ、金利を10％と仮定して、このプロジェクトの正味現在価値（NPV…ネット・プレゼント・バリュー）を求めてみるとプラス100・4万円の価値となり、投資をする価値があることがわかりました。

ちなみにこの正味現在価値をゼロにする割引率を内部収益率（IRR…インターナル・レート・オブ・リターン）と呼びます。若干難しいかもしれませんが、言葉だけでも知っておいてください。

正味現在価値(NPV:ネット・プレゼント・バリュー)

- 将来の収益を現在価値に置き換えて計算

例) 最初に400万円の投資で年120万円の収入が5年間続く事業。金利10%

1年目の投資 / 1年目の収益 / 2年目の収益 / 3年目の収益 / 4年目の収益 / 5年目の収益

$$NPV = ▲400万円 + 120万円 + \frac{120}{1+0.1} + \frac{120}{(1+0.1)^2} + \frac{120}{(1+0.1)^3} + \frac{120}{(1+0.1)^4}$$

$$= 100.4万円$$

(1+0.1 の 0.1 ↑ 金利10%)

➡ 正味現在価値は100.4万円プラスになる

> この場合NPVがプラスなので、その事業をしてもよいという判断となる

NPVの基本計算式

$$NPV = 初期投資 + FcF_0 + \frac{FcF_1}{(1+r)} + \frac{FcF_2}{(1+r)^2} + \frac{FcF_3}{(1+r)^3} + \frac{FcF_n}{(1+r)^n}$$

- FcF:フリーキャッシュフロー
- r:金利
- n:年数

COLUMN ④

ビジネスで成功するための ライフバランス・マネジメント

会社が成功しても個人的にもハッピーでなければ意味がありませんね。大企業であろうと、ベンチャーであろうとこれからはライフバランスのマネジメントに一層留意する必要があります。そのために最低でも以下の項目は週に一度は振り返る時間をつくりましょう。

・体の健康マネジメント…体調不良は昇進失敗、ベンチャー失敗の隠れた原因です
・メンタルヘルスのマネジメント…ストレスにうまく対処するのみでなく、ビジネスの生産性を上げるためにもメンタル面のマネジメントを知っておきましょう。情報源としてライフバランスマネジメント研究所（http://www.lifebalance.co.jp/）をご紹介します
・家族のマネジメント…複数年のスケジュールをつくって家族とのすごし方を相談しましょう
・個人資産のマネジメント…個人用金融商品として紹介されているものは、必ずしも有利なものばかりではありません。ローリスク（本当に長期的に元本保証）でハイリターンというのは滅多にないと認識しておきましょう

こうした個人的なベースがあって、ビジネスにも明るく専念できるのです。

第5章

ここで差がつく MBAトピックス

【トピックス】

31 ブランドで企業の付加価値を最大化する

「ブランドマネジメント」のポイントと、強いブランドをもつ価値を知る

❖ブランドとは他の企業との差別化を生む企業戦略ツールである

ブランドと聞くとシャネルやアルマーニ、ジャガーなどを思い浮かべる方も多いかもしれません。普通のビジネスでブランド戦略なんて使えるのかな……と疑問に思う方もいるかもしれません。実は高級ブランドではない普通のビジネスにおいてこそブランドは、活用の仕方によって成果に最も差がつく戦略ツールの一つなのです。

ブランドの定義はたくさんありますが、最大公約数的な定義を「製品、競合他社の製品・サービスと区別することを意図した名前、シンボル、サイ

強いブランドをつくるコツ

一貫性（コンシスタンシー）

製品・サービスの一貫性

同じブランド名で出す製品の質がバラバラではダメ！

例：三菱という企業ブランド間でのギャップによる三菱ブランド全体の低下など

歴史を通じての一貫性

そのブランドのコアとなるポジショニングがコロコロ変わってはお客さんは混乱する

例："トップブリーダーが推奨する" を一貫してスローガンにすることでイメージを強めトップブランドを維持するペディグリーチャム

国をまたがる一貫性

ある国では高級ブランドの製品が別の国では安売りブランドの位置付けで売られているのを見たお客さんにとって、イメージダウンは必至

例：リーバイスは一時期、日・米・欧での価格帯ポジションギャップが大きく、ブランド価値がダウンした

ン、デザイン、言葉、組織や社員の対応、あるいはそれらの組み合わせ」としておきましょう。

❖なぜブランドが必要なのか、ブランドの二つの意義

お客さんの視点から見るとブランドには二つの意義があります。

一つは最低限の品質を保証してくれるブランドです。たとえばユニクロの服を買うというときにはある程度の品質保証を期待して買いますね。

もう一つはそのブランドをもつことによって満足度が向上する効果です。車としての機能だけであれば、ポルシェを1000万円以上も出して購入するのは経済合理性にあわないかもしれませんが、そのデザイン・歴史・イメージなどを総合して満足するのでお客さんはプレミアム価格を払ってでもポルシェを買うのです。

このように、強いブランドをもつことにより、同じ価格であれば競合よりも選択してもらえたり、競合以上のプレミアム（高額な）価格をつけても

買ってもらえるのです。コカコーラなどはそのブランド価値だけで7兆円ともいわれます。

❖強いブランドをつくるには一貫性が必要となる

強いブランドをつくるポイントは何でしょう？　ブランドは「お客さんとの約束」と考えると強いブランドのつくり方が見えてきます。ポイントは一貫性です。製品・サービス間の一貫性（常に同じレベルであること）、歴史を通じての一貫性（ブランドのポジション、言っていることがときによりコロコロ変わっていては信用されません）等が重要です。

32 ライフサイクルにあわせて戦略を練る

ライフサイクルごとの、顧客・競争の変化を理解する

❖プロダクト・ライフ・サイクルとは?

市場や製品にもライフサイクルがあり、これを意識することで今自分が何をすべきか、何の準備をしておかなくてはいけないのかを考えやすくなります。市場・製品のライフサイクルのことをプロダクト・ライフ・サイクルと呼んで、①導入期、②成長期、③成熟期、④衰退期、の四つに分けて考えます。

このプロダクト・ライフ・サイクルの使い方のポイントは、四つの成長ステージで、顧客の種類・ニーズが変わってくること、同時に競合の種類・動

ライフサイクルにあわせて戦略を練る

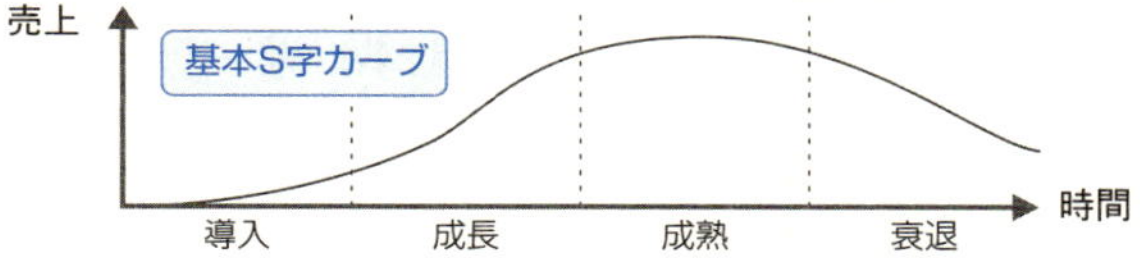

		導入	成長	成熟	衰退
特性	売上高	低調	急速に上昇	ピーク	減少
	コスト	顧客1人につき高コスト	顧客1人につき平均的コスト	顧客1人につき低コスト	顧客1人につき低コスト
	利益	マイナス	上昇	高利益	減少
	顧客	革新者	初期採用者	追随者	遅滞者
	競合他社	ほとんどなし	増加	安定から減少	減少
マーケティング目的		製品の製造と試用	市場シェアの最大化	市場シェアを守りながら利益を最大化	支出を減らし、ブランドから利益を引き出す
戦略	製品	基本的製品を提供	製品拡張、サービス、保証を提供	ブランドやモデルを多様化	弱いアイテムを消滅させる
	価格	コストプラス方式を採用	市場浸透価格	競合他社に匹敵する、あるいは打ち勝つための価格	値下げ
	流通	選択的流通	開放的流通	開放的流通	選択的流通に戻る（利益の上がらない販路を消滅させる）
	広告	初期採用者とディーラーの間に製品知名を築く	マスマーケットに知名と関心を築く	ブランドの違いとベネフィットを強調	中核となるロイヤルユーザーの維持に必要なレベルまで縮小
	販売促進	製品試用を促すため、大規模な販売促進を展開	縮小し、大量の消費者需要を利用	ブランド・スイッチを促すために拡大	最小限に縮小

出典：『コトラーのマーケティング・マネジメント―ミレニアム版―』フィリップ・コトラー／ピアソン・エデュケーション

きも変わってくること、ゆえに会社として対応すべき施策も変わってくるので、四つの要素を意識することです。

各成長ステージの特徴と対応の仕方を知ろう

導入期…製品認知が低く、先進的ユーザーを啓蒙していく段階です。ハイテク系製品ではこの段階から次に進めず失速する例も多いです。このステージでは機能性を重視されることが多く、収益よりも費用が先に出るステージです。

成長期…製品が認知され、売上が増加するステージです。競合も増え始めます。顧客が初期の機能面のみでなく、より高度の機能や使い勝手のよさを強く求め始めます。

導入期に、ある機能性を打ち出して優位だった企業が、使い勝手やサービス面で新たな競合に追い抜かれることも多いのです。生産体制や広告面も充

キャズム（ハイテクの市場成長におけるミゾ）

- 初期市場（イノベーターとアーリーアダプター）と成長期のメジャー市場の間には容易に超え難い深いミゾ“キャズム”がある。
- 顧客セグメントの違いによる、このキャズムを超えなくては新しい商品（特にテクノロジー系）は、メジャー市場でブレイクしない!

by ジェフリー・ムーア

一般的には、このキャズムを超えてメジャー市場に進展させるには局地的な市場を一つずつ制覇しながら拡張させるとよいと言われる

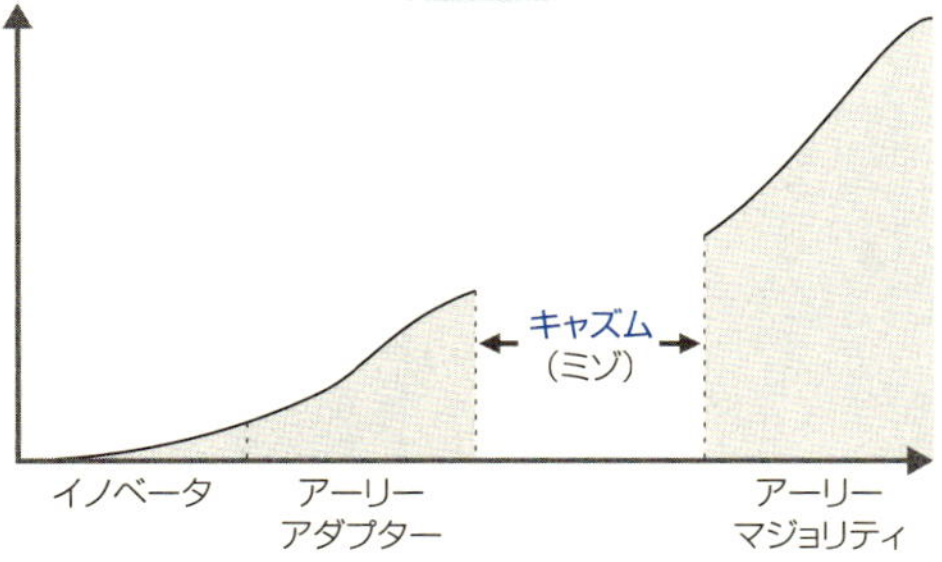

参考：『キャズム』ジェフリー・ムーア著／翔泳社発行

実させる必要が出てきます。

成熟期…製品が顧客に十分認知され、新たな顧客獲得が難しくなるステージです。競争が相当激しくなって利益が出にくくなっている場合が多いので、ターゲット顧客の見直し、マイナーチェンジなどが必要になってきます。

衰退期…顧客が製品に飽きてきたり、代替品の登場などとあいまって陳腐化してしまうステージです。売上・利益ともに下降し始めるので、販売を中止するか、大幅なリニューアルを仕掛けにいきます。シェアがあれば、費用を削減し利益を回収しても良いでしょう。業界再編も起こります。この基本形を知っておくことで、たとえばマイナーチェンジの繰り返し、ターゲット顧客のリニューアルなどで定番化し、半永久的に衰退期を迎えない製品もできるのです。

33 買いの会社、売りの会社の見分け方を知る

PER（株価収益率）を理解すれば、
会社の株価が割高か割安か判断できる

❖株式市場での会社の評価は時価総額で見る

今後は株式市場での会社の評価方法も知っておきましょう。株式市場では会社の価値は株式時価総額で見ます。基本的には、「発行済株式数×一株当たりの株価＝時価総額」です。

❖株価の評価指標、株価収益率（PER）

株価が高いか、安いかを示す指標として一般的に使われているのが株価収益率（PER…プライス・アーニング・レシオ）です。PERとは、株価を

一株当たり税引き後当期利益（ＥＰＳ）で割って求めます。ちなみにＥＰＳ（アーニング・パー・シェア）は、税引後当期利益を発行済総株数で割って求めます。

たとえば、ＥＰＳ（一株当たり利益）が10円で、株価が４００円の企業であれば、ＰＥＲ（株価収益率）は４００÷10＝40倍となります。

ＰＥＲを計算する際には、翌期基準の予想収益を使う場合が多いです。このＰＥＲが極端に高くなっている場合、その企業は相当の成長が期待されている企業か、割高評価をされている企業で、成長の期待感がなくなったり、市場全体が弱気になった場合にはいずれ売られるリスクがあります。このＰＥＲが極端に低い場合は、経営が悪化している場合もあるので要注意です。

❖ＰＥＲが高い低いは、一概には言えない

ＰＥＲには客観的な基準があるわけではなく、何倍なら割高で何倍なら割安とは一概には言えません。同じ業種での収益状態・予測などと比較して、

企業評価の指標

- 時価総額 ＝ 株価（1株当たり） × 総発行済株式数
- PER（プライス・アーニング・レシオ） ＝ 株価 ÷ 1株当たりの当期利益（税引き後利益）

注）1株当たり当期利益はEPS（アーニング・パー・シェア）ともいう

トヨタ自動車の例（2010年9月24日）

●	時価総額	＝	株価	×	総発行済株式数
▶	10,637,072百万円	＝	3,085円	×	3,447,997,492株

●	PER	＝	株価	÷	1株当たり当期利益
▶	46.19倍	＝	3,085円	÷	66.79円

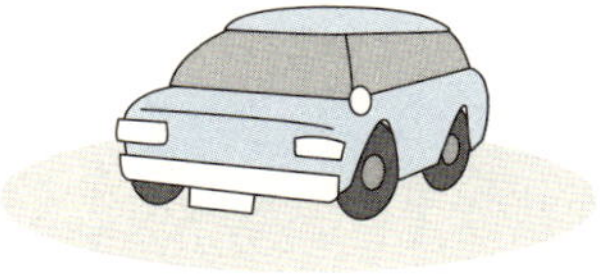

▶こうした株式情報を入手するにはヤフー・ファイナンス（http://finance.yahoo.co.jp）が便利です。

相対的に判断する指標であることをお忘れなく。

東証一部上場企業の平均ＰＥＲはその時期によって変わりますが、以前は30～50倍で推移し、２０００年代は米国上場企業の平均ＰＥＲ並みの16～20倍程度で推移することが多くなりました。

流動性（市場で売買可能な株式数の割合）が低い企業は、短期的に人気が集中して株価が高騰し、ＰＥＲが何百倍・千倍となることもあります。この高株価はしばらくすると落ちてくる場合もあれば、実態が伴ってくる場合もあります。株価のみでなく、時価総額でも評価をして、そこまでの規模の企業に育ちうるのか……を考えてみることも必要でしょう。

時価総額と純利益とPER

世界の時価総額ランキング(2008年時点)

(十億ドル)

順位	社名	国	利益	時価総額
1	ペトロチャイナ	中国	18.21	546.14
2	エクソンモービル	米国	40.61	465.51
3	ジェネラルエレクトリック	米国	22.21	330.93
4	チャイナモバイル	中国	8.29	308.59
5	ガスプロム	ロシア	23.30	306.79
6	ICBC	中国	6.31	289.57
7	マイクロソフト	米国	16.96	253.15
8	ペトロブラス　ブラジル	ブラジル	11.04	236.67
9	ロイヤルダッチシェル	オランダ	31.33	221.09
10	バークシャーハザウエイ	米国	13.21	216.65
11	AT&T	米国	11.95	210.22
12	BP	英国	20.60	204.94
13	プロクター&ギャンブル	米国	11.13	203.67
14	ウオルマート　ストアーズ	米国	12.73	198.60
15	BHP　ビリトン	オーストラリア・英国	13.42	190.62
16	ネスレ	スイス	9.38	188.11
17	シノペック-チャイナペトローリアム	中国	6.90	186.38
18	トタル	フランス	19.24	181.80
19	HSBCホールディングス	英国	19.13	180.81
20	シェブロン	米国	18.69	179.97

出典：THEGLOBAL 2000　Forbes.com

●時価総額は、PERが高いと（将来への期待が高いと）、それだけ高くなるので必ずしも純利益の順位と、時価総額の順位が一致していない

*手軽に株式市場の実践感覚を身につけたいならwww.kaeta.jpがおすすめ

34 ビジネスのグローバル化をチャンスに変えよう

ビジネスのグローバル化の影響から逃れられる会社はない

❖一個人にもグローバルビジネスは影響してくる

グローバルビジネスなんて自分とは関係ないよ……と思っている方、グローバルの動きに目を向けることは、海外展開をしている大企業のみでなく、中小零細や一個人としてもチャンスを増やし、リスクを未然に防いでくれるのです。

❖日本のSEと、ソフト開発のグローバル化の流れ

たとえばあなたがSE（システムエンジニア）であれば、インドや他の東

南アジア諸国で日本語にも対応できるＳＥの質がどんどん上がっており、賃金は日本よりも随分割安なので、ＳＥ業務の海外シフトが進んでいることは、将来的にも大きな影響をもたらします。

インド最大のタタグループなども日本からのシステム受注にチャンスを見出し、日本に営業法人をつくっていることからも、今後、この動きは加速化する可能性が大です。ゆえにＳＥとして生き残るならば、より高度で特殊な技術をいち早く身につける必要があります。

小さなソフト会社を営んでいる経営者も、既に価格のベンチマークは海外企業になるケースがあることも意識しながら、価格以外の付加価値をつける準備をする必要があるでしょう。

こうした動きは実は日本のさまざまな基幹産業が経験してきたことです。繊維などの素材産業から始まり、半導体などのハイテク産業も、グローバル競争に直面してきたのです。

逆にグローバルな動きを自社の強みに生かしてきた企業もあります。ユニクロは自社の生産基盤を中国において、バリューチェーンを組み替えることで一時期急成長を遂げてきました。

❖早めの対応でグローバル化をチャンスに変える

グローバル化は必ずしも、自社がグローバル化することだけを意味しているのではありません。SEの例のようにお客さんの選択肢がグローバル化することで、心ならずも、グローバルな競争を意識せざるを得ないことが今後増えてくるのです。であれば、グローバル化をリスクではなく、チャンスに変えるように準備してはいかがでしょうか？

グローバル化のポイント

- グローバル化の目的の確認：当たり前のようだが、ここの共通認識をつくっておくことが重要

●市場を求めてのグローバル化？

●生産ベースの拡大か?

・コスト重視
・キャパシティ重視
・品質重視

●顧客が海外に行くのに合わせて海外進出を依頼されてか?

●その他の目的か?

35 キャリアパートナーとして人材紹介会社とつきあおう

「キャリアマネジメント」、優良ヘッドハンティング会社の見分け方など

❖自分のキャリアを主体的に築いていこう

自分のキャリアを主体的に築いていくことは、今後ますます重要になってきます。これは必ずしも転職をしないとできないことではなく、同じ会社の中でも将来像の目的意識をもって、どんなステージで自分にどんな経験やスキルを身につけなくてはいけないかを考えて仕事をしていくことによっても、主体的なキャリアを築けます。

ただし、よい人材紹介会社の選び方、付き合い方を知っておくことは、転職するにせよ、同じ会社の中でキャリアを積むにせよ無駄ではありません。

レジュメとは？

レジュメは自己PRのツール

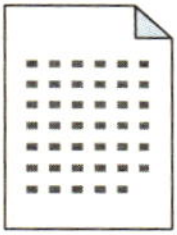

- 職能（専門的スキル）のみでなく個人的資質（明るい、リーダーシップがあるなど）も入れる
- 会社のために何ができるかが、わかる内容を心がけよう
- 過去に達成したことを具体的に記述しよう

基本構成

- 基本情報：名前、住所、電話、メール等
- 希望目的：目標とする職種や会社。何を生かしたいのかなどを1～2行で
- スキルのポイント：専門技術、知識、資質等のセールスポイント
- 職務経歴：通常は新しい順から書く
  （例）ABC（株）、××マネジャー、東京
  1998年～現在
  ・部下4名を管理し、××エリアの営業目標を3年連続で達成……
- 学歴

採用者の立場に立って、一度つくった後も
何回か読み返してみましょう。

よい人材会社と付き合うことで自分の市場価値を知り、どんなキャリアのオプションがあるのか、ないのかを客観的に知っておくことができるからです。

よい人材紹介会社との付き合い方とは

大手の人材紹介会社では、会社の信用もさることながら、よい担当者を探すことです。大手の人材紹介会社でも担当者がどうも信用できない、親身になっていない、経験が足りなそう……と思ったら、別のところで自分が安心して話ができる担当者を探すことです。

紹介会社側から声をかけられるケース（ヘッドハンティング）もあります。日本では人材紹介会社は数百社あり、小さいところでもよいサービスを提供している会社も多いのですが、ときには大手でもいい加減な会社・担当者がいるのも事実です。

よい人材紹介の担当者・ヘッドハンティング会社の探し方は、信用できる

日本の有力エグゼクティブサーチ会社リスト

エグゼクティブサーチ（大手社長・役員クラスが主で、コンタクトには紹介が必要な場合が多い）

●エゴンゼンダー・インターナショナル： 欧州系　http://www.egonzehnder.co.jp
●ラッセル・レイノルズ： 米系　http://www.russellreynolds.co.jp
●コーンフェリー：紹介のみのエグゼクティブサーチです 米系

エグゼクティブサーチ（マネジャー・ディレクターが主）

●アクシアム： MBA取得者に強い　http://www.axiom.co.jp/
●縄文アソシエイツ： オールラウンド　http://www.jomon.co.jp/
●ムービン： コンサルティング業界に強い　http://www.movin.co.jp/
●リクルートエグゼクティブエージェント： リクルート系　http://www.recruit-ex.co.jp/
●東京エグゼクティブ・サーチ： 25年以上の歴史　http://www.tesco.co.jp/
●キャリアインキュベーション： コンサルティング業界に強い　http://www.careerinq.com

採用する側として、ヘッドハンティング会社に依頼する場合はアウトプレイスメント会社に一度相談してみるのも一つの手

アウトプレイスメント会社（再就職支援）

●パソナキャリア： パソナ系アウトプレイスメント業界1位 http://www.pasonacareer.com

※上記の情報は2010年8月現在のものです

知り合いで先に転職をした人に紹介してもらうことです。そうでなければ基本的には、最初のヘッドハンティング会社1社だけで転職を決めずに、複数社と話しをしてみましょう。

❖信頼できる紹介会社とは長い付き合いをもとう

いったん、信頼できるよい担当者・紹介会社とあったら、長くお付き合いすることをお勧めします。何年かに1回は近況報告をするのもよいでしょう。先方も長く付き合ってくるとあなたにどんな仕事があっているかの見極めもついてきますし、より踏み込んだ相談にのることもできるようになるのです。

〔著者紹介〕

池上　重輔（いけがみ　じゅうすけ）

早稲田大学大学院商学研究科、准教授。

早稲田大学商学部卒。英国ケンブリッジ大学MBA（経営学修士号）。米系戦略コンサルティング大手のボストンコンサルティング・グループ、米国の食料品メーカー M&M MARSのブランドマネジャー、世界最大のコングロマリットGE（ゼネラル・エレクトリック）ヨーロッパにてプロダクト・マネジャー、ソフトバンクECホールディングス㈱の新規事業統括のデイレクターとして合弁会社の役員、ニッセイ・キャピタル㈱のチーフベンチャー・キャピタリストを経て現職。

著書・監修に『図解わかる! MBA』、『図解わかる! MBAマーケティング』（以上、PHP研究所）、『通勤大学実践MBA事業計画書』、『通勤大学実践MBA戦略営業』（以上、総合法令出版）、『日本のブルー・オーシャン戦略』（ファーストプレス）などがある。

メールアドレス：jjikegamijp@yahoo.co.jp;

〔編集協力〕

岩見　智之（いわみ　さとし）

ニッセイ・キャピタル㈱　シニアベンチャー・キャピタリスト。
1966年生まれ。90年神戸商科大学商経学部（現兵庫県立大学）卒。住友信託銀行、99年Citibank.NA、2000年以降ソフトバンク・インベストメント、華新インベストメント（華新麗華（台湾財閥）と住友信託銀行のJV）、あぞおらインベストメントと一貫してベンチャーキャピタル業務に従事。05年よりニッセイ・キャピタル㈱　シニアベンチャー・キャピタリスト。

本書の内容に関するお問い合わせ先
中経出版編集部　03(3262)2124

中経の文庫

図解で身につく!　MBAの思考法

2010年11月3日　第1刷発行

著者　池上　重輔(いけがみ　じゅうすけ)
発行者　杉本　惇
発行所　㈱中経出版
〒102-0083
東京都千代田区麹町3の2　相互麹町第一ビル
電話03(3262)0371(営業代表)
03(3262)2124(編集代表)
FAX03(3262)6855　振替　00110-7-86836
http://www.chukei.co.jp/

DTP／マッドハウス　印刷・製本／錦明印刷

乱丁本・落丁本はお取替え致します。

ISBN978-4-8061-3867-9　C0134